ココミル
cocomiru

飛驒高山
白川鄉

創造一次美好的
旅遊回憶♪

歡迎來到
高山！

漫步在古老街區
感受復古風情

坐落著一整排古民宅的 "三町"
是高山觀光的重要景點。
隨意漫步其間，就能感受到小京都的風情。
列為世界遺產的白川鄉，
至今仍保留著茅草屋頂的合掌造民家。
讓我們回到有如日本童話中的世界，
徜徉在閑靜的田園風光，
來一趟洗滌心靈的旅程。

左頁：高山的三町（P24）　　右頁上至下：白川鄉合掌造家屋（P90）、春天高山祭（P40）、ごくらく舍的人力車（P20）、
高山うさぎ舍的門簾（P32）、在白川鄉（P88）發現的稻草人、布ら里的木腰吊飾（P67）

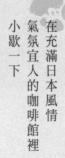

在充滿日本風情
氣氛宜人的咖啡館裡
小歇一下

上半部：Café 青（P31）　下半部左起：手風琴（P28）、藍花珈琲店（P31）、喫茶去 かつて（P28）、藍花珈琲店的葛切（P31）、
喫茶去 かつて的和風聖代あまがさね（P28）

品嘗使用當地食材入菜的豐盛美味

展現工匠技藝的
家居用品及雜貨
不妨作為伴手禮

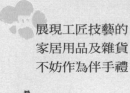

上半部左起：脇茶屋的朴葉味噌（P51）、さん陣的五平餅與御手洗糰子（P26）、寿美久的山菜蕎麥麵（P53）、久田屋的田舍料理定食（P51）
下半部左起：使用布ら里的古布做成的小飾物（P67）、茶房 和雜貨 松倉山莊的書衣（P66）、本舖飛騨さしこ的口金零錢包（P63）、
匠館的巧克力色椅子（P59）、住真商店的木版手染布偶（P33）

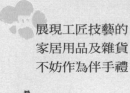

5

飛驒高山是什麼樣的地方？

除了在日本古老的街區散步還能享受美食和購物樂趣

高山是高山城的城下町，江戶時代因作為幕府的直轄地而繁榮起來。至今仍保存古老街景，看得出400年前的商鎮風貌。附近景點有列為世界遺產的白川鄉，以及奧飛驒溫泉鄉和下呂溫泉等兩處溫泉地。飛驒牛與朴葉味噌等當地特產也很豐富。

保留古老街景的「三町」（☞P24）

聞名全日本的品牌和牛・飛驒牛（☞P48）

在高山祭登場的豪華絢爛花車（☞P40、42）

什麼季節最美？

高山祭舉行的春季和秋季到處都是觀光客，十分熱鬧

充滿高山季節風情的有告知春天來臨的高山的山王祭（春天高山祭），以及感謝秋天果實豐收的八幡祭（秋天高山祭）。七夕裝飾彩繪整個街上的8月，也有楓紅的秋季與古老街道白雪皚皚的冬季等，一整年滿是四季變化的魅力。白川鄉冬天還會舉辦合掌村的點燈活動。

造訪飛驒高山・白川鄉前的必備旅遊知識

適合城市漫遊的高山，以及風景宜人愜意的白川鄉。
以下介紹觀光的焦點和交通方式等旅程中實用的資訊，
仔細地預習之後，再來規劃行程吧！

該怎麼去？

從名古屋搭乘ワイドビューひだ或開車走東海北陸自動車道都很方便

欲前往高山可搭乘連結名古屋～高山～富山的特急ワイドビューひだ。也可從名古屋、東京、大阪搭程高速巴士，票價只需電車的一半十分划算。開車則可從名古屋走東海北陸自動車道。前往白川鄉也是從名古屋一條高速公路就能抵達。

特急ワイドビューひだ1天10班次

橫跨宮川的中橋。沿岸種滿了櫻花及柳樹。

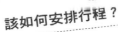

高山知名的朝市（☞P38）。照片是陣屋前朝市

該如何安排行程？

高山觀光可安排2天1夜3天2夜則可下塌白川鄉

如果想要深入旅遊，建議可在高山住1晚。第一天在高山市區漫步觀光，第二天早起去朝市，之後再到飛驒之里（☞P46）一帶參觀。如計劃再過一夜，則推薦下塌白川鄉的合掌造旅館（☞P96）。

從白川鄉荻町城跡展望台眺望的景色（☞P90）

走在三町的觀光人力車（☞P24）

哪些是絕不能錯過的景點？

高山的三町與高山陣屋
白川鄉的合掌造聚落

三町（☞P24）是高山觀光的重點。來到這裡，可以品嘗外帶美食補充體力，同時一邊享受購物樂趣，逛累了就去古民宅改裝的咖啡廳休憩。象徵高山歷史的高山陣屋也千萬不能錯過。來到白川鄉就是要體驗這種緩慢步調的散步樂趣。

高山陣屋（☞P34）有著別具一格的外觀

三角屋頂的合掌造民家（☞P92）

槍見の湯 槍見館（☞P106）的混浴露天浴池

可以去哪裡泡湯？

遠眺北阿爾卑斯的奧飛驒溫泉鄉
及以美人湯聞名的下呂溫泉

從高山搭車前往位在北阿爾卑斯山麓的奧飛驒溫泉（☞P104）約60分，享受露天溫泉的同時還能望見雄偉的山脈。在日本三大名湯之一的下呂溫泉（☞P114）旅館洗淨身心靈，浸在觸感溫和的「美人湯」裡，讓肌膚變得光滑細緻。

今宵 天空に遊ぶ しょうげつ（☞P119）的附露天浴池客房

不容錯過的美食有哪些？

飛驒牛與高山拉麵
朴葉味噌等鄉土美食也是絕品

高山的首選美食飛驒牛絕不容錯過。其他如牛排、義大利麵、蓋飯等也十分豐富。高山拉麵是從二次大戰前的小吃攤發源的，當地人很喜愛還為它取了"中華そば（中華麵）"的暱稱。將味噌及蔬菜放在朴葉上燒烤的朴葉味噌等鄉土料理也很受青睞。

桔梗屋（☞P52）的中華麵堅守創業以來的原味

脇茶屋（☞P51）的朴葉味噌加了滿滿的青蔥和香菇

キッチン飛驒（☞P49）的俄式炒飛驒牛

暮しのギャラリー（☞P59）的椅子。倪山魯的設計

利用古布做成的布偶。布ら里（☞P67）

ひだっちさるぼぼSHOP（☞P64）的手工猴寶寶

伴手禮要選什麼好？

猴寶寶和可愛的和風雜貨
給自己的禮物可以選飛驒家具

街上到處都看到的「猴寶寶」是高山最具代表性的伴手禮。使用古都‧高山氛圍的古布做成的飾品也很適合當伴手禮。而發揮師傅精湛技術的飛驒家具則可買來犒賞自己。除此之外，稱為飛驒春慶與一位一刀彫的傳統工藝品也值得細細品味。

飛驒高山・白川鄉
是什麼樣的地方？

位於岐阜縣北部的飛驒地方匯集了幾處充滿特色的區域。了解各區域的特色與地理位置後再來規劃旅遊行程。

 觀光區域大致分成4處

以位在飛驒地方中央的高山為主共分成4區。如欲欣賞獨特的景觀，可漫步在保有古老街景的高山以及合掌造民家林立的白川鄉。想要悠閒地泡湯，則可到群山環繞的奧飛驒溫泉鄉或日本三大名湯之一的下呂溫泉盡情享受。

 搭火車&巴士？開車？排定完美的行程

交通的起點是JR高山站與高山濃飛巴士中心。JR高山站旁有前往附近各地的巴士。欲到下呂溫泉可搭特急ワイドビューひだ。當然也可開車享受馳騁的樂趣。無論選擇哪種方式，在高山住1晚，隔天再到附近區域旅遊是最好的。

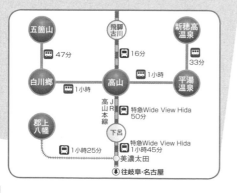

1 高山

たかやま

··· P18

仍保有從前城下町繁榮景象的"飛驒小京都"。在古民宅林立的"三町"盡情體驗日本風情。飛驒牛等當地美食非常豐富！

1 高山觀光的重點、三町（☞P24）
2 古民宅改裝的咖啡廳（☞P28）3 高山的人氣吉祥物、猴寶寶（☞P64）

2 白川鄉
しらかわごう

··· P88

1995年登錄為世界遺產的合掌村。保存114棟合掌造房屋，隨著四季變化的悠閒景色療癒人心。

▲合掌造民家是先人智慧的結晶（☞P92）

交通圖

五箇山 —🚌47分— 白川鄉
飛驒古川 —🚃16分— 高山
新穗高溫泉 —🚌33分—
白川鄉 —🚌1小時— 高山
高山 —🚌1小時— 平湯溫泉
高山 JR高山本線 特急Wide View Hida 50分 下呂
郡上八幡 —🚌1小時25分— 美濃太田
下呂 特急Wide View Hida 1小時45分 美濃太田
🚃 往岐阜・名古屋

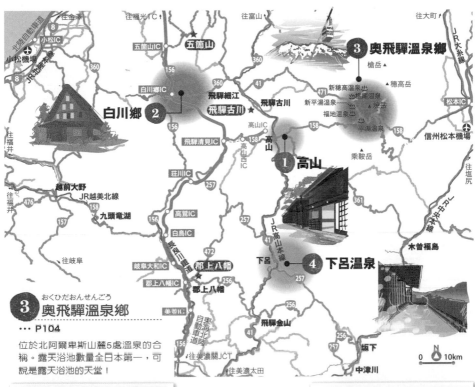

北陸自動車道
往金澤
8　小松IC
小松機場
8　JR北陸本線
360
往福光IC
五箇山IC
五箇山 ★
156
往富山
往大町
JR大糸線

360
41
3 奧飛驒溫泉鄉
槍岳
新穗高溫泉
471　栃尾溫泉
新平湯溫泉　燒岳
福地溫泉
平湯溫泉
158
穗岳
松本IC
信州松本機場
往塩尻

白川IC
156
白川鄉 **2**
飛驒細江
飛驒古川 ★
飛驒古川
高山IC

往福井
飛驒清見IC
158
高山西IC
高山
1 高山
乘鞍岳
361
往塩尻
木曾福島

越前大野
JR越美北線
荘川IC
高鷲IC
白鳥IC
257
257
JR高山本線
41

往福井
476
157
九頭竜湖
156
往岐阜
岐阜大和IC
郡上八幡IC
472
郡上八幡
256
257
下呂
4 下呂溫泉
257

256
飛驒金山
256
坂下

3 おくひだおんせんごう
奧飛驒溫泉鄉
··· P104
位於北阿爾卑斯山麓5處溫泉的合稱。露天浴池數量全日本第一，可說是露天浴池的天堂！

薬師IC
自動車道
東海北陸
156
往美濃關JCT
往美濃太田
41
中津川

0　10km

▲ 享受溪流沿岸的露天浴池泡湯樂（☞P108）

4 げろおんせん
下呂溫泉
··· P114
名列日本三大名湯之一，是知名的美人湯。溫泉街上到處是免費的足湯，可輕鬆享受泡湯樂趣。

▲ 漫步在河川旁的步道（☞P116）

由高山再走遠一些

+ ひだふるかわ
飛驒古川
··· P82
規劃成棋盤狀、白牆倉庫與商家綿延的城下町。傳統工藝製作很興盛。

瀨戶川沿岸的白牆倉庫街（☞P82）是飛驒古川的主要街道

+ ぐじょうはちまん
郡上八幡
··· P84
3條河川匯流於此，有著豐富湧泉的小鎮。夏季會舉辦熱鬧的郡上八幡舞祭！

聆聽流水聲，漫步在谷中水之小徑（☞P85）

出發！

觀光焦點！

12:00 高山站

搭乘9時43分從名古屋車站出發的特急ワイドビューひだ，12時13分抵達高山站。

12:30 まさごそば

高山拉麵的發源店，來碗拉麵滿足味蕾（☞P52）。

13:20 高山陣屋

高山的歷史象徵，所有關於飛驒的歷史知識都可在此得到（☞P34）。

高山陣屋尚保有江戶時代的部分建築物。照片是御白洲（南）。

洋溢日本風情

14:00 三町

街道兩側古民宅相連，景觀本身就是欣賞重點（☞P24）。

14:10 御食事処 坂口屋

店門口販賣著元祖飛驒牛握壽司，可買來補充一下體力（☞P26）。

14:30 高山 うさぎ舎

兔子飾品琳瑯滿目。不能錯過的是店家招牌"兔寶寶"相關商品（☞P32）。

飛驒版画喫茶

15:00 ばれん

在屋齡約180年古民宅改裝成的咖啡廳，享受舒適的茶點時光（☞P29）。

住上2晚

早安！

見識驚人工藝技術

16:00 飛驒の家具館

高山數一數二的家具老店展示間，在此尋找能愛用一輩子的椅子（☞P58）。

本陣平野屋

17:00 花兆庵

到旅館舒放身心。在古民宅倉庫改建而成的澡堂裡消除旅途疲勞（☞P74）。

9:00 宮川朝市

前往宮川沿岸擺攤的朝市逛逛。和當地人聊聊天也很愉快呢（☞P39）。

10:00 吉島家住宅

參觀發揮飛驒精湛工藝技術的町家建築。仔細欣賞開放式的挑高空間（☞P36）。

3天2夜的極上
飛驒高山・白川鄉之旅

飛驒高山與白川鄉魅力景點滿載的豐富行程。
漫步在古老街道、參觀合掌村的建築物內部。
品嘗鄉土味濃厚的美食及尋找伴手禮都讓人充滿期待。

與吉島家住宅相鄰

由高山飛濃巴士站搭乘猴寶寶巴士前往

10:40 日下部民藝館

連著兩棟古民宅建築。堅固的樑柱組合令人大開眼界（☞P37）。

11:20 高山祭屋台會館

近距離參觀在八幡祭（☞P42）中實際上場過的花車（☞P45）。

12:00 京や

山菜料理及綜合蔬菜盤等都是高山的媽媽味（☞P50）。

13:50 飛驒之里

移建整棟古民宅的戶外博物館。可親身體驗從前山間農村的生活（☞P46）。

搭巴士前往白川鄉！

第3天

15:15 小系燒

高山三大陶器之一、小系燒的窯廠。樸素風格別具魅力（☞P63）。

16:30 藍花珈琲店

白牆倉庫外觀的復古咖啡廳，來杯奶茶歇息一下（☞P31）。

9:50 高山濃飛巴士中心

9時50分從高山出發，10時40分抵達白川鄉巴士站。來回車票4420日圓。

10:50 野外博物館 合掌造民家園

保存了25棟合掌造民家並開放參觀。裡頭展示著一些從前生活的工具（☞P91）。

品嘗山間美食

遠眺景點

12:00 白水園

在合掌造的餐廳享用午餐。推薦招牌菜熊鍋（☞P95）。

13:00 和田家

參觀合掌造房屋的構造。從前用來養蠶的工具值得參觀（☞P92）。

13:50 荻町城跡展望台

位在高地的展望台，可以遠眺合掌村。記得拍張照片做紀念（☞P90）。

15:50 白川鄉巴士站

搭乘白川鄉16時出發的車前往名鐵巴士站。出發前可去買點伴手禮或逛合掌村。

若時間充裕也推薦這裡！

4天3夜到奧飛驒溫泉鄉・下呂溫泉泡湯趣

充滿大自然魅力的奧飛驒溫泉鄉

搭乘新穗高纜車，前往標高2156m的北阿爾卑斯山欣賞風景。之後在可眺望壯麗群山的露天浴池享受泡湯樂趣（☞P104）。

到下呂溫泉享受"美人湯"

下榻嚴選的溫泉旅館優雅地享受名湯，肌膚一定會變得光滑細緻。散步途中可以到免費的足湯小憩（☞P114）。

叩叩日本☘
cocomiru ココミル

飛驒高山 白川鄉

Contents

在世界遺產 白川鄉
可以遇見日本原始的風景 …87

在奧飛驒溫泉鄉・下呂溫泉的
旅館享受愜意的時光 …103

到藍花珈琲店（☞P31）歇歇腳

ばれん的奶油紅豆蜜（☞P29）

充滿古民宅氣氛的手風琴（☞P28）

體驗製作猴寶寶布偶的樂趣（☞P64）

在久田屋（☞P51）品嘗鄉土料理

傳統蔬菜・宿儺南瓜布丁（☞P68）

漫遊三町（☞P24）

飛驒刺子繡（☞P62）的商品琳瑯滿目

散步在充滿日本
美好風情的高山街道

古民宅林立的三町、
擁有約４００年歷史的高山祭、
展現傳統大師技藝的飛驒家具──。
讓我們在保有江戶時代風華、
充滿日本之美的老街來趟懷舊之旅吧。

在朝市（☞P38）發現整排猴寶寶

參觀吉島家住宅（☞P36）的古民宅建築

重點看過來！

1 漫步在
懷舊的三町

買一些外帶美食補充逛街能量。可愛的看板也是觀光重點。

2 在朝市
享受購物樂趣

除了當地栽種的蔬菜與水果，自家製的醃漬品與味噌種類也很多。

3 品嚐當地美食

飛驒牛、高山拉麵、飛驒蕎麥麵、朴葉味噌等都是當地著名美食。

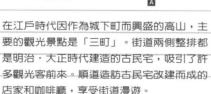

漫步在充滿日本風情的街區

高山
たかやま

A 利用手刷版畫製成的布偶
B 傳統工藝・飛驒春慶的商品

是這樣的地方

在江戶時代因作為城下町而興盛的高山，主要的觀光景點是「三町」。街道兩側整排都是明治・大正時代建造的古民宅，吸引了許多觀光客前來。順道造訪古民宅改建而成的店家和咖啡廳，享受街道漫遊。

a c c e s s

JR 高山站

↓ 搭猴寶寶巴士約9分

♀ 飛驒の里

↓ 搭猴寶寶巴士即到

♀ 飛驒の里下

↓ 搭猴寶寶巴士約1分

♀ 飛驒高山美術館

JR 高山站

↓ 搭猴寶寶巴士約17分

♀ まつりの森

洽詢 ☎0577-32-3333（高山市觀光課）　☎0577-32-5328（飛驒高山觀光服務處）
廣域MAP 附錄地圖背面D4

傳遞市區周邊
地區的多元資訊

介紹高山市區以外地
區的景點及特產品。
☎0577-77-9200

觀光的提要

傍晚一夜晚的
三町也很迷人

幾乎所有的店家都在17～18時
關門，所以傍晚過後的寂靜與白
天的喧鬧有如天壤之別。夏天也
可穿著浴衣逛街。

焦點地區看這裡

さんまち
三町

上一之町～上三之町、下
一之町～下三之町的合
稱，是高山觀光的主要區
域。古民宅林立，瀰漫著
濃厚的日本風情。

たかやまえきしゅうへん
高山站周邊

JR高山站的東側一帶就
是高山市區。車站附近
有不少飯店及餐廳。

やたいかいかんしゅうへん
屋台會館周邊

櫻山八幡宮的表參道有
很多傳統工藝品店。吉
島家住宅、日下部民藝
館等具代表性的古民
宅建築也都位在此區。

ひだのさとしゅうへん
飛驒之里周邊

從國道158號往飛驒之里
的飛驒之里通沿路上有
美術館及商店。在高山
一帶是屬藝術氣息濃厚
的區域。

認識交通工具
在高山市內靈活移動

可搭乘巡迴各主要觀光景點的巴士或自由度高的計程車，甚至租借自行車。
想要體驗不同旅遊感覺的人則推薦人力車。

以下是最方便的交通工具

猴寶寶巴士

街道巴士

◀欲到飛驒之里或飛驒高山美術館等景點可搭此巴士

◀環繞市中心。繞1圈35分

さるぼぼばす・まちなみばす
猴寶寶巴士・街道巴士

環繞高山市區的巴士

以高山濃飛巴士中心為起點，繞行高山的主要觀光景點。猴寶寶巴士每小時1班，路線有2種，搭乘1次210日圓。街道巴士分為順時針繞行與逆時針繞行兩種，1天各10班次，搭乘一次100日圓。

☎0577-32-1160（濃飛巴士高山營業所）

自由乘車券
（1日券620日圓、2日券1030日圓）

◀可自由搭乘兩種巴士。附贈高山市內13處觀光設施折價券

▼車站附近有數間自行車出租店

たくしー
計程車

以打電話叫車為主

基本上無法隨手招呼計程車，除了車站前等少數地方外，其他都必須透過電話叫車。部份計程車公司有提供觀光計程車的服務（需洽詢）。

▲可在計程車招呼站上車

☎0577-32-2323（山都計程車）
☎0577-32-0246（鳩計程車）
☎0577-36-3860（宮川計程車）

はらさいくる
HARA CIRCLE

租借自行車觀光

高山市中心的道路大多平坦，如天氣晴朗建議可租借自行車遊玩。從JR高山站到飛驒之里（☞P46）約2公里。

☎0577-32-1657 🏠高山市末広町61 ¥1小時300日圓（之後每1小時200日圓）🕘9時～19時30分 🛌週二 🚉JR高山站步行8分 🅿無 MAP P80C2

體驗不同風情的交通工具

ごくらくや
ごくらく舍

高山是觀光人力車的發源地

由熟知古民宅建築小知識及三町商店資訊的車夫來為遊客導覽解說。搭車處在老街中央一帶、中橋的橋頭兩端、高山陣屋前等3處（☞P25）。

▶約花15～30分繞行主要景點

☎0577-32-1430
¥2名乘客15分4000日圓、3名乘客15分6000日圓 🕘8時30分～18時（隨季節變動）🛌豪雨・下雪時 🅿無 MAP P81D3・附錄D3

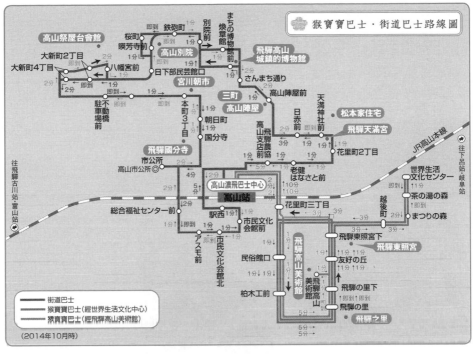

猴寶寶巴士・街道巴士路線圖

（2014年10月時）

街道巴士
猴寶寶巴士（經世界生活文化中心）
猴寶寶巴士（經飛驒高山美術館）

高山熱門地區的交通工具一覽表

出發站 → / ↓ 目的地	高山站 ※街道巴士・猴寶寶巴士搭車處在高山濃飛巴士中心	三町 ※街道巴士的站牌為三町通	高山陣屋 ※街道巴士的站牌為高山陣屋前	高山祭屋台會館 ※街道巴士的站牌為八幡宮前	飛驒之里 ※猴寶寶巴士的站牌為飛驒之里(不經まつりの森)
高山站 ※街道巴士・猴寶寶巴士搭車處在高山濃飛巴士中心		右行12分 / 4分 / 5分 / 10分	右行10分 / 4分 / 5分 / 10分	右行19分 / 9分 / 9分 / 20分	15分 / 8分 / 12分 / ×
三町 ※街道巴士的站牌為三町通	左行9分 / 4分 / 5分 / 10分		右行1分 / × / 1分 / 1分	右行7分 / 7分 / 5分 / 10分	× / 10分 / 17分 / ×
高山陣屋 ※街道巴士的站牌為高山陣屋前	左行8分 / 4分 / 5分 / 10分	右行2分 / × / 1分 / 1分		右行9分 / 10分 / 8分 / 17分	× / 8分 / 13分 / ×
高山祭屋台會館 ※街道巴士的站牌為八幡宮前	右行16分 / 9分 / 9分 / 20分	× / 7分 / 5分 / 10分	× / 10分 / 8分 / 17分		× / 15分 / 20分 / ×
飛驒之里 ※猴寶寶巴士的站牌為飛驒之里(不經まつりの森)	9分 / 8分 / 12分 / ×	× / 10分 / 17分 / ×	× / 8分 / 13分 / ×	× / 15分 / 20分 / ×	

🚌猴寶寶巴士　🚌街道巴士　🚕計程車　🚲自行車　🚶步行
※轉搭街道巴士與猴寶寶巴士所需時間包含了搭計程車的時間。步行、騎自行車如需花30分以上則以「×」表示。

📖 JR高山站及高山濃飛巴士中心前都有投幣式寄物櫃，需寄放行李的人可善加利用。

安排1日輕鬆愜意地
走訪高山各主要景點

散步時間
約6小時

從高山著名的朝市到高山陣屋、古民宅咖啡等，
以下介紹如何有效率地參觀6個主要景點的1日行程。

START! JR高山站　步行10分

① 攤販沿著宮川沿岸並排 ② 高山的人氣吉祥物——猴寶寶 ③ 體驗朝市的人情味

10:30

三町周邊

みやがわあさいち
宮川朝市

宮川的東岸有著各式各樣的攤販

宮川沿岸每天早上都有營業，最多時可高達50家地攤。賣的都是當地種植的新鮮蔬菜和水果，以及手工民藝品、醃漬品等。

DATA ☞P39 **MAP** P81D2／附錄C1

③

高山陣屋

たかやまじんや
高山陣屋

11:30

曾經是政治中樞也是高山的歷史象徵

這裡是飛驒國成為江戶幕府的直轄地後，約180年來掌握飛驒行政樞紐的場所。幕府末期全日本有60多所的代官所・郡代役所，但至今仍保留建築物的只有這裡。

DATA ☞P34 **MAP** P81D4／附錄B6

步行10分

步行5分

▲ 天保3年（1832）建造的大門

三町

ふらり
布ら里

12:40

步行2分

應用古布的日本雜貨令人愛不釋手

這裡的布偶及各種飾品都是利用江戶時代至昭和初期的古布製成的，全部都是手工製作，因此每個布偶的表情和布料花樣都不同，光欣賞就充滿樂趣。

DATA ☞P67 **MAP** P81D3／附錄D3

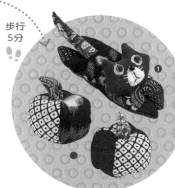

① 薰衣草香味的舒眠枕1950日圓 ② 藍染布製成的蘋果飾品1個540日圓 ③ 古民宅空間與古布飾品十分相襯

🕐 14:00

三町

きっさこ かつて
喫茶去 かつて

在改裝自古民宅的日式咖啡廳放鬆一下

由150年以上的古民宅改裝而成的。坐在吧檯位子歇息並透過格子窗欣賞三町的街景，也有挑高空間的和式座位，令人印象深刻。

DATA ☞ P28 **MAP** P81E3／附錄D4

❶日文"喫茶去"是禪語，乃「請喝茶」之意 ❷日式聖代あまがさね（附日本茶）950日圓 ❸透過格子窗望出去的景色彷彿一幅畫

夜晚的三町散步也很值得推薦

三町（☞P24）的店家幾乎都在17～18時關門。一到晚上照亮古民宅的街燈醞釀出一股獨特的氣氛，可欣賞到與白天截然不同的另一面。

🚌 步行10分到
JR高山站轉
巴士10分

🕐 15:30

飛驒之里

ひだのさと
飛驒之里

重現從前令人懷念的山間農村生活景象

將包含4棟國家重要文化財的30棟古民宅移建到這佔地4萬坪的場所。建築物內展示著以前的各種生活工具。外面還有栽種稻米和蔬菜的田地，呈現一面悠閒自然風景。

DATA ☞ P46 **MAP** P79E4

❶春夏秋冬四季不同的風景充滿魅力 ❷傳統工藝的現場表演

GOAL! JR高山站 🚌 搭巴士10分

❷

步行
4分

三町

わきちゃや
脇茶屋

🕐 13:10

飛驒的鄉土料理
朴葉味噌令人讚不絕口

朴葉味噌是在朴木的葉子上放入味噌和蔬菜燒烤而成的料理。在這裡可以品嘗到加了滿滿青蔥與菇類的朴葉味噌定食1300日圓。

DATA ☞ P51 **MAP** P81D2／附錄D2

❶朴葉味噌定食附綜合煮物和醬菜 ❷位於三之町受到觀光客喜愛

地圖

下町地區
158
100m

宮川朝市
鍛冶橋
● 脇茶屋
藤井美術民藝館
人力車乘車處(ごくらく舎)

往飛驒之里／往高山站
柳橋
❶ 布ら里
飛驒高山城鎮的博物館
● 喫茶去 かつて

夜橋
三町通
上町地區

❷ ● 高山陣屋
飛驒·高山會議協會(觀光服務處)
陣屋前朝市
中橋
高山市政紀念館

A   B

買些外帶美食
漫遊三町最適合攝影的景點

背著相機漫步在古民宅林立的老街上。請參考以下的攝影景點，享受外帶美食的同時也來拍張照片吧。

三町是什麼樣的地方？

上一之町～上三之町、下一之町～下三之町等6個町的合稱，是高山觀光的主要區域。當年乃城下町中心，繁榮不已，至今仍保有許多明治～大正時代的古民宅建築。許多建築物已改裝成咖啡廳或商店，逛起來充滿樂趣。

📷 鏡頭前的綠葉是一大重點

▶ 運用對角線拍照，街道較不顯眼且可看出古民宅林立的模樣。

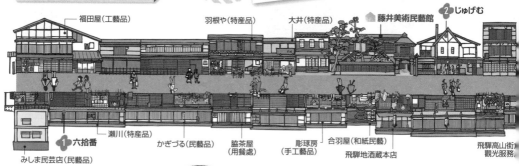

福田屋(工藝品)　　羽根や(特產品)　　大井(特產品)　　🏠藤井美術民藝館　　2 じゅげむ

みしま民芸店(民藝品)　1 六拾番　　瀨川(特產品)　　かぎづる(民藝品)　　脇茶屋(用餐處)　　彫琢房(手工藝品)　　合羽屋(和紙民藝)　　飛驒地酒藏本店　　飛驒高山街　觀光服務

1 ろくじゅうばん
六拾番

飛驒牛串燒1串600日圓～、肉丸1串400日圓。用味噌熬煮過的飛驒牛とろ煮1碗400日圓（夏天除外）也很有人氣。

☎0577-33-2683 🏠高山市上三之町60 🕐10～16時 ❌不定休 🚃JR高山站步行10分 🅿無 📍MAPP81D2／附錄D2

📷 由下往上取角更顯氣勢

飛驒牛肉丸
1串400日圓
有起司、味噌、醬油、鹽蔥等4種口味

ふじいびじゅつみんげいかん
🏠藤井美術民藝館
📖P70
入口是仿高山城二之丸的登城門而來的，感覺很有氣勢

飛驒牛串燒
霜降大腿肉
1串500日圓
用炭火快速燒烤，將肉質美味包在裡頭。胡椒鹽口味。

2 じゅげむ
じゅげむ

飛驒牛串燒，有瘦肉300日圓、霜降大腿肉500日圓、里肌肉800日圓（1日限量20串）3種。

☎0577-34-5858 🏠高山市上三之町72 🕐9～17時 ❌無休 🚃JR高山站步行10分 🅿無 📍MAPP81D3／附錄D2

三町整體地圖

往飛驒古川站　高山中央　いちのまちパーキング
高山驛前　市營かじ場　宮川　旭パーキング　鍛冶橋　安川通り
第2　国分寺通り　しらはげ柳橋　市營空町
高山　バーキング　広小路橋　上三之町　上三之坂
驛　市營広小路　広小路通り　三町通　市營えむ坂
高山駅前第1　NTTAP上二之町　下橋　みのた
BEパーク高山駅南　バーキング　中橋　バーキング
駐車場　高山陣屋　中橋　市營神明
往下呂站　プラザ陣屋

ごくらく舎（人力車）

彷彿電影中的場景

側拍行走中的人力車，整個很有味道。格子窗也十分搶鏡頭。

☎0577-32-1430　¥2名乘客15分4000日圓～、3名乘客15分6000日圓　🕘8時30分～18時（11～3月為9時30分～17時）　休豪雨、下雪時　🚉JR高山站步行10分　P無　MAP P81D3／附錄D3

3　手焼煎餅堂
てやきせんべいどう

猴寶寶及心型等約有60種類的煎餅。店門口現烤的大煎餅很有名，現烤的酥脆口感令人一口接一口停不下來。

☎0577-33-9613　住高山市上三之町85　🕘9～17時　休無休　🚉JR高山站步行10分　P無　MAP P81D3／附錄D3

飛驒的大太鼓
1片250日圓
直徑約15cm；用醬油調味後再用備長炭手工燒烤

龍神台（花車停放倉）　SAN AI HANDMADE　茶乃芽（甜點）　茶屋二番町　3 手焼煎餅堂　御食事処　そばの店
極樂舍（人力車）　布ら里（日本雜貨）　坂口屋　志田

往 P26

三川屋本店　森林綠々園（駄菓子）　古董書廊　高山 うさぎ舍　豆腐料理　4 咲くや この花　三川屋（櫸木工藝品）
（特產品）　かとう　（日本雜貨）　のぐちや　春秋（陶器）

擷取喜歡的一隅

茶屋三番町
ちゃやさんばんちょう
☞P29

餐點表用牌子掛在人力車的車輪上，十分特別

冰橘棒
1支100日圓
橘子剝皮後，抹上特製糖漿再冷凍製成

4　咲くや この花
さくや このはな

在雜貨店鋪的店門口及店內另外販賣甜點。店裡備有能望見中庭的休憩空間，可在此享用冰橘棒和霜淇淋。

☎0577-37-7733　住高山市上三之町34　🕘9～17時（12～3月為～16時30分）　休無休　🚉JR高山站步行10分　P無　MAP P81D3／附錄D3

霜淇淋
1個350日圓
將喜愛的水果及核果類加入牛奶霜淇淋混和而成

買些外帶美食
漫遊三町最適合攝影的景點

接續P25

5 御食事処 坂口屋
おしょくじどころ さかぐちや

可品嘗到平價飛驒牛料理與飛驒蕎麥麵的餐廳。最受歡迎的是鋪著半熟飛驒牛肉片的うっしっし丼1700日圓。

☎0577-32-0244 個高山市上三之町90 ⏰10時30分～15時 休週二（另有不定期休）交JR高山站步行10分 P無 MAP P81D3／附錄D3

▲店門口販賣的是飛驒牛握壽司

元祖飛驒牛握壽司
2個500日圓～
飛驒牛與偏甜醬油口味很搭。盤子以蝦餅取代

用全新角度拍攝老街景色

藍花珈琲店 ☞P31
らんかこーひーてん
盡可能地緊貼咖啡廳牆壁拍攝取景。鏡頭前的看板是重點

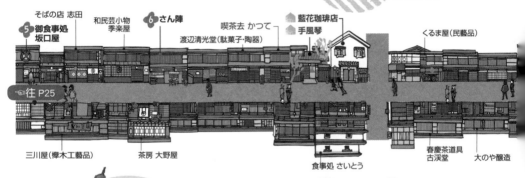

そばの店 志田　　和民芸小物 季楽屋　　6 さん陣　　喫茶去 かつて　　藍花珈琲店　　手風琴　　くるま屋(民藝品)

5 御食事処 坂口屋　　　　渡辺清光堂(駄菓子・陶器)

往 P25

三川屋(欅木工藝品)　　茶房 大野屋　　食事処 さいとう　　春慶茶道具 古渓堂　　大のや釀造

醬汁糰子
1支70日圓
只沾醬油燒烤，口味淳樸

五平餅
1支200日圓
加了核桃的特製味噌醬讓人吃完回味無窮

6 さん陣
さんじん

上三之町附近最古老的醬汁丸子店。店門口則有燒烤攤販賣御手洗糰子和五平餅。

☎0577-33-1273 個高山市上三之町91-4 ⏰10～18時 休不定休 交JR高山站步行10分 P無 MAP P81D3／附錄D3

將看板特寫

手風琴
てふうきん
☞P28
將咖啡廳入口前的走道抓入鏡頭，營造出景深也是攝影重點。

三町全體地圖

往飛驒古川站
高山中央　市營かじ橋　安川通り
高山駅前第2　旭パーキング　いちのまちパーキング
国分寺通り　鍛冶橋　市營空町
たなべパーキング　しらい柳橋　市營えび坂
市營広小路　広小路通り　筏橋
高山駅前第1　高山駅　中橋
高山本線
BeパーB高山駅南駐車場　高山陣屋　中橋　市營神明
プラザ陣屋
往下呂站

與店門口的貓味石像來張紀念照片

ひさだや
久田屋 ☞P51
拋開取景念頭，來張優雅的照片。紫藤花開的5月上旬十分迷人

有好多可愛的看板

ひだはんがきっさ
飛驒版画喫茶
ばれん ☞P29

きっさこ
喫茶去 かつて ☞P28

すみしんしょうてん
住真商店 ☞P33

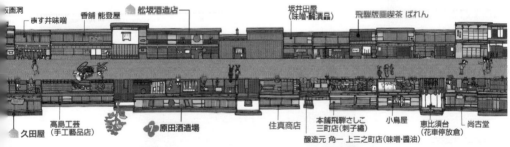

版画洞　すす井味噌　香舖 能登屋　舩坂酒造店　坂井田屋（味噌・葡漬品）　飛驒版画喫茶 ばれん

久田屋　高島工芸（手工藝品店）　7 原田酒造場　住真商店　本舗飛驒さしこ三町店（刺子繡）　小鳥屋　恵比須台（花車停放倉）　尚古堂
釀造元 角一 上三之町店（味噌・醬油）

山車元祖
特產酒起司蛋糕
1個150日圓
用奶油起司和酸奶製成，與氣味豐富的特產酒很搭調

7
はらだしゅぞうじょう
原田酒造場

創業約200年，以銘酒「山車」聞名的老酒窖。店內約有10種特產酒可免費試喝。山車 上撰 辛口720ml 1030日圓。（☞P71）

☎0577-32-0120 住高山市上三之町10 ⏰8～18時（11～3月為～17時30分）休無休 交JR高山站步行10分 P無 MAP P81D3／附錄D5

特產酒凍 1個310日圓
使用辛辣爽口的「山車」製成的酒凍。充滿香醇氣味

仰角拍攝屋簷下的杉葉球

ふなさかしゅぞうてん
舩坂酒造店
（カフェ 与平）
☞P31
屋簷下懸掛的杉葉球是酒窖的象徵。由下往上取景拍出來較有氣勢！

📖 高山市的七夕是8月7日。三町的街道到處可見七夕的笹竹裝飾。

在三町的古民宅咖啡
享受懷舊的時光

來到三町旅遊最不能錯過的就是充滿復古風情的古民宅咖啡。
日本味濃厚的格子窗與地爐的空間在為品茶時光增添許多氣氛。

迷人的特點♥
店內放的都是有年代的家具。特別是一角的地爐更是有味道

巧克力可麗餅（附香草冰淇淋）
650日圓
可麗餅共12種類

てふうきん
手風琴

在古民宅嘗美味的可麗餅

由江戶時代末期的古老民宅改裝而成的咖啡廳。可來一份著名的招牌可麗餅450日圓～。這兒的可麗餅都是現點現烤，因此表皮酥脆而裡頭鬆軟。

☎0577-34-6185 🏠高山市上三之町93 🕙10時～17時30分 🈺週二 🚃JR高山站步行10分 🅿無 MAP P81E3／附錄E4

▶入口處懸掛的木製看板很醒目

きっさこ かつて
喫茶去 かつて

透過格子窗
欣賞外面的老街風景

約有150年歷史的建築物，大型的格子窗與開放式的挑高空間獨具特色。1、2樓的吧檯位子都可透過格子窗欣賞外面往來的行人及人力車等老街景觀，沉浸在日式氛圍裡。手工蕨餅450日圓、抹茶牛奶650日圓。

☎0577-34-1511 🏠高山市上三之町92 🕙10～17時 🈺週三 🚃JR高山站步行10分 🅿無 MAP P81E3／附錄D4

◀喫茶去在禪語裡據說是「請喝茶」之意

迷人的特點♥
格子窗彷彿是一幅巨大的畫作，將老街風景鑲嵌在裡頭

和風聖代あまがさね（附日本茶）
950日圓
放了蕨餅等7種甜點在上頭

牆上掛著許多版畫作品

獨特的版畫明信片很適合作為伴手禮

「飛驒版畫喫茶 ばれん」是一家兼販賣當地作家手工版畫作品的咖啡廳。值得推薦的是原創版畫明信片，3張1組售價320日圓～、5張1組540日圓～。很適合買來回味造訪過的古民宅咖啡廳。

迷人的特點♥
約180年屋齡的古民宅建築與充滿味道的版畫作品十分協調

含抹茶蕨餅的抹茶聖代
750日圓
另有蛋糕套餐750日圓

ひだはんがきっさ ばれん
飛驒版画喫茶 ばれん

享受美味甜點的同時還能欣賞藝術

店內掛滿獨創的版畫作品，頗具從前版畫製作興盛一時的飛驒地方氣氛。可一邊品茶一邊欣賞這些藝術品。用大顆紅豆做成的甜點可搭配咖啡450日圓或抹茶牛奶550日圓享用。

☎0577-33-9201 ⓭高山市上三之町107 ⏰8時30分～17時(冬季為9時～16時30分) ⓱每月1個週四(8月無休。冬季為週四休) ⓯JR高山站步行10分 Ⓟ無 MAP P81E3／附錄E5

▶門簾上的圖案是用版畫工具"ばれん（馬連）"畫的

ちゃやさんばんちょう
茶屋三番町

在古商家建築物內休憩

這兒原本是有140年歷史的商家，用人力貨車車輪做成的桌子以及地爐和式座都令人印象深刻。微甜的紅豆湯圓在夏天會用玻璃碗盛裝，到了秋冬則改用渋草燒的陶碗，季節感十足。10～5月限定的田舍善哉（紅豆湯）700日圓也不容錯過。

☎0577-32-0417 ⓭高山市上三之町84 ⏰10～16時 ⓱週四(冬季為不定期休) ⓯JR高山站步行10分 Ⓟ無 MAP P81D3／附錄D3

◀寫著"田近屋"屋號的拉門就是入口

迷人的特點♥
店內的圓桌全都是人力貨車車輪再利用而成的

紅豆湯圓（附抹茶冰淇淋）
900日圓
另外推薦抹茶600日圓

📖 格子窗具有不易被外頭窺見又可引進陽光的功用。古民宅的格子窗設計種類很多樣。

在三町品嘗美味的推薦甜點
度過一段甜美的時光

來到三町就千萬不能錯過各種值得推薦的美味甜點。
無論哪種甜點，都充滿古都·高山的濃濃日本風味。

> 美味Point
> 自製蕨餅和濃郁冰淇淋是絕配

◆◆◆
布久聖代
1100日圓

加了口感滑溜的自製蕨餅、大豆霜淇淋、抹茶冰淇淋的豪華聖代

面對中庭的位子擺置著飛驒家具

ふきゅうあん
布久庵

堅持使用國產食材的手工聖代

原本是明治時代創業的和服店。利用屋齡130年的倉庫改裝而成的空間，以及面對中庭的座位等，訴說著建築物的歷史。可品嘗只使用國產食材製成的各種甜點，如自製蕨餅700日圓。

☎0577-34-0126 🏠高山市下一之町17 ⏰10～17時(8月為～17時30分) 🈺週二(逢假日則營業) 🚉JR高山站步行15分 🅿4輛
MAPP81E2

ぎゃらりーあんどかふぇゆうほうかん
ギャラリー＆カフェ遊朴館

入口即化的紫蘇籽布丁

這是一家販賣陶器與飾品兼畫廊的咖啡廳。可品嘗到有機栽培咖啡、當地製造的高山餅、以及使用紫蘇籽做的各種點心。

☎0577-32-8892(咖啡廳) 🏠高山市上一之町26 ⏰9～18時(冬季～17時) 🈺無休(冬季週三休) 🚉JR高山站步行15分 🅿10輛 **MAP**P81E3／附錄F4

開放式的店內全面禁煙

◆◆◆
飛驒的滑嫩紫蘇籽布丁
250日圓

紫蘇籽在飛驒地方被稱為「ABURAE」，是飛驒名產之一。微甜香氣適合大人品嘗

> 美味Point
> 溫順口感中帶有一股飛驒名產紫蘇籽的香氣

> 美味Point
> 溫抹茶裡加進紅豆和烤麻糬點綴

◆◆◆
抹茶紅豆湯
750日圓

甜紅豆配上微苦的抹茶與香烤麻糬，真是絕妙的組合

さぼう おおのや
茶房 大野屋

改裝自90年屋齡的商家

店內仍有許多明治～大正時代的古董家具，另有設置地爐的桌位。除了4種口味的紅豆湯圓，也提供季節限定甜點。

☎0577-33-9627 🏠高山市上三之町29 ⏰9時～16時30分 🈺週三 🚉JR高山站步行10分 🅿無 **MAP**P81D3／附錄D3

在店內三處的地爐桌旁閒聊也是不錯的

仿卡布奇諾的
抹茶牛奶值得
一嘗

在「藍花珈琲店」可以喝到像卡布奇諾一樣，將抹茶打泡做成的濃濃茶布奇諾650日圓。這是店裡的招牌之一，很多高山的遊客會點上一杯嘗做紀念。冷熱飲皆有。

滑嫩Q彈的
彩色湯圓非常可愛

らんかこーひーてん
藍花珈琲店
洋溢大正浪漫風格的知名咖啡廳

位在三町通上的倉庫建築咖啡廳。沉穩的店內裝飾著大正時代浪漫風格之代表畫家・竹久夢二的版畫作品，讓人不禁沉浸在大正時代的氛圍裏。

☎0577-32-3887
🏠高山市上三之町93 🕐8～18時 🈺週四(8月無休) 🚃JR高山站步行10分 🅿無 MAP P81E3／附錄E4

倉庫改裝的店內氣氛穩重

◆◆◆
雪玉紅豆湯
（附飲料）
800日圓

除了照片中的焙茶外，另有蕎麥茶、咖啡、紅茶等組合。單點600日圓。

かふぇ あお
Café 青
可感受四季變化的和風空間

位在酒窖直營店裡的咖啡廳，由150年屋齡的舊和服店改裝而成。有沙發座位、簷廊座位、地爐座位等。食材著重四季的變化。

☎0577-57-9210 🏠高山市上三之町67 🕐10～16時30分LO 🈺不定休 🚃JR高山站步行10分 🅿無 MAP P81D2／附錄D2

從簷廊座位眺望的中庭布滿日式風情

鬆軟卻有嚼勁的葛切帶來一陣清涼感

◆◆◆
葛切
850日圓

擁有獨特鬆軟彈牙的口感。吃完後再搭配梅酒醃漬的梅子，十分爽口。

使用特產酒的酒粕做成的布丁，口感豐富

◆◆◆
酒粕布丁
380日圓

使用的是飛驒特產酒「深山菊」酒粕。溫潤口感與嘴裡化開的日本酒香味十分搭配

かふぇ よへい
カフェ 与平
由老酒廠直營的和風摩登咖啡廳

「舩坂酒造店」附設的咖啡廳。由於是老酒廠經營的，最大的特色就是可吃到許多使用飛驒特產酒的甜點。裝潢與餐點都結合了傳統和現代風格。

店裡頭的附設餐廳「味の与平」

☎0577-32-0016
🏠高山市上三之町105 🕐11時30分～20時 🈺不定休 🚃JR高山站步行10分 🅿無 MAP P81E3／附錄E5

📖 「カフェ 与平」大部分的含酒甜點酒精濃度是0度，例如酒粕布丁380日圓。

以下為大家介紹
在三町發現的可愛和風雜貨

在風情洋溢的街區裡的和風雜貨店購物。
各種飾品布偶、薰香等擄獲女孩目光的商品全齊聚在此。

彷彿向您招手
的貓型置物盒

多樣化設計
十分出色

和風圖案的
髮飾

招財貓 各1620日圓
使用手工和紙。臉部表情採用手繪，因此每個感覺都不同。分黑白兩色 **1**

友禪和紙鶴嘴夾 各700日圓
在巴黎也有分店的友禪和紙作家的髮夾。大膽的和風圖案引人注目 **1**

兔子吸油面紙 各380日圓
約有20種圖案，可買來分送朋友。吸油效果非常好 **2**

店家招牌商品
"兔寶寶"

復古的容器
使心情緩和

搭配眼鏡
擦拭布

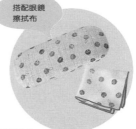

兔寶寶布偶
古布圖案（小）**1190日圓**、
白色（小）**1080日圓**
結合猴寶寶與兔子而誕生的兔寶寶布偶。有小、中、大3種尺寸。小的高約8公分 **2**

除臭芳香劑 1080日圓
裝入牛奶瓶的芳香劑。柔和的櫻花與天竺葵的味道，打造出舒適的房間 **3**

眼鏡盒 1620日圓～
淺色系的亞麻材質與堅硬的外盒。放入包中，移動時也不用擔心 **3**

さん あい はんどめいど
1 SAN AI HANDMADE

集結了約80位作家的手工作品，充滿個性的商品琳瑯滿目。

☎0577-33-0396 住高山市上三之町80 🕘9～17時（視季節變動）休無休 交JR高山站步行10分 P無 MAP P81D3／附錄D3

たかやま うさぎや
2 高山 うさぎ舍

整間店都是日本各地蒐集而來或作家作品、獨創商品等兔子相關周邊。

☎0577-34-6611 住高山市上三之町37 🕘9時30分～17時 休無休 交JR高山站步行10分 P無 MAP P81D3／附錄D3

あお
3 青

以「和風生活」為主題，主要販賣全日本蒐集來的碗盤與布製品等雜貨。

☎0577-34-9229 住高山市上一之町85 🕘10時～17時30分 休無休 交JR高山站步行15分 P1輛 MAP P81E3／附錄F3

可愛的盒子可以當作置物盒

「高山 うさぎ舎」最有人氣的商品是用草莓巧克力包裹黑豆的巧克力豆，1盒630日圓。可愛的小盒子吃完後還可拿來使用。兔寶寶圖案的仙貝1袋440日圓，抹茶牛奶豆1盒650日圓。

童話風格的圖案很可愛

散發高雅香氣

立刻下手購買！當地手巾

原創手巾 1條 1080日圓
以高山各種特色為主題花樣，如高山祭、紅蕪菁、御手洗丸子、傳統工藝的飛驒刺子繡等，一共10種 ④

迷你口金零錢包 各1080日圓
作家的作品。皮革製，約可放進2個500日圓銅板。也可放些耳環或戒指 ④

三之町線香 30支 1300日圓
店裡的原創線香系列。除了圖中的櫻花香氣，還有檸檬香茅和蝴蝶蘭等總共10種味道 ⑤

釀造出成熟感的香氣

樸素的質感很有療癒效果

裡頭有鈴鐺的12面體玩具

飛驒之風錐香 1盒 2310日圓
帶有成熟香氣的人氣伽羅錐香，1盒有20個錐香 ⑤

木版畫手染布偶
雌鴛鴦885日圓（左）、雄1004日圓（右）
在無染棉上手刷版畫，然後塞進稻殼做成的布偶。配色十分優美 ⑥

轉鈴 1個 756日圓
轉動時會發出鈴鐺的聲音。高約13公分。版畫紙的圖案有12生肖與花牌2種 ⑥

ぎゃらりーあんどかふぇゆうほうかん
④ ギャラリー＆カフェ遊朴館

以高山出身的作家，網羅350人以上的作品。

☎0577-32-8883 ⓐ高山市上一之町26 ⓗ9～18時（冬季～17時）ⓗ無休（冬季週三休）ⓧJR高山站步行15分 ⓟ10輛 ⓜP81E3／附錄F4

こうほ のとや
⑤ 香舖 能登屋

約有150種的薰香。

☎0577-33-0889 ⓐ高山市上三之町104 ⓗ9～17時（冬季為9時30分～16時）ⓗ週三（逢假日則翌日）ⓧJR高山站步行10分 ⓟ無 ⓜP81E3／附錄E4

すみしんしょうてん
⑥ 住真商店

12生肖、野鳥、魚等，共有40種以上的木版畫手染布偶商品。

☎0577-32-0980 ⓐ高山市上三之町8 ⓗ9～17時 ⓗ週二（1～2月不定休）ⓧJR高山站步行10分 ⓟ無 ⓜP81D3／附錄D5

📖 在「青」可以訂做門簾。下訂後約1個月～1個半月可收到。

參觀高山的歷史象徵
高山陣屋

在高山，至今仍保留著江戶時代含有地方官府及官舍、倉庫的建築物，稱做高山陣屋。
來到這裡就從當年掌握飛驒地方政治樞紐的建築物開始參觀，感受一下歷史氣息吧。

所謂陣屋就是江戶時代地方
官府及官舍、倉庫的總稱

高山陣屋周邊
たかやまじんや

高山陣屋

完整保留了江戶時代的樣貌
是日本國內唯一的代官所・郡代役所

在舊高山城主・金森氏之郊外宅邸所設置的
代官所・郡代役所。元祿5年（1692）飛驒
國成為江戶幕府的直轄地後，約180年以來
歷經25位的代官・郡代都在此執政。幕府末
年，全日本曾有60多所，但仍完整保留至今
的只剩高山陣屋，因此具有很高的歷史價
值。

☎0577-32-0643 佳高山市八軒町1-5 ¥門票430日
圓 🕗8時45分～17時（11～2月為～16時30分、8月
為～18時） 休12月29・31日、1月1日 交JR高山站
步行10分 P無 MAP P81D4／附錄B6

1 玄關處掛著三葉葵（日本家紋的一
種）的簾子 2 玄關間的青海波浪圖
牆很美麗 3 準備茶水及休息的喝茶
處 4 展示當時廚房用具如鍋釜等的
廚房

◀ 歷代的郡代都住在這裡

可以跟著導覽員參觀
由熟知高山歷史的導覽員為遊客解說。免費服務,所需時間50〜60分。可當天到窗口申請或事先電話預約。

ぐんだいのやくたく
郡代官舍 Ⓐ
郡代宅邸。從江戶前往任職的郡代及其家人都住在這裡。

◀ 從客廳「嵐山の間」眺望出去的景色

ごようば
御用場 Ⓒ
從前高山城主・金森家的家臣等下屬執行公務的房間。

▲御用場緊鄰御役所

參觀焦點

▲對老百姓的表揚也在這裡舉行

おんくら
御藏 Ⓑ
▲1倉房可容納1年2000袋(1袋=60kg)的貢米

元祿8年(1695)由高山城三之丸移建過來的米倉。當時的2棟16房目前還保存了1棟8房。

おしらす(きた)
御白洲(北) Ⓓ
進行調查或審判的檢調間。民事案件及宣判在北邊的御白洲進行。

おおひろま
大廣間 Ⓔ
官方會議與儀式舉辦的場所。書院構造「御座の間」是郡代的辦公室。

1大廣場旁邊的走廊 2平常分成3個房間使用

發現兔型釘子
"真向兔"▶ 是一種傳統的設計

▲ 展示著當時的拷問道具

おしらす(みなみ)
御白洲(南) Ⓕ
調查刑事案件的場所。不過有關殺人等犯罪事件則是由幕府勘定所裁決而非郡代。

 陣屋內的榻榻米分為3種。身份由高到低的房間各分為有花紋邊條的榻榻米、黑邊條榻榻米、無邊條榻榻米。

名匠的技術令人驚嘆
欣賞充滿雅趣的古民宅建築

參觀時間
各約**30**分

高山保存下來的傳統古民宅最大特徵是巨大的挑高空間。
連建築物的細節都呈現出飛驒工匠的精湛技術，值得細細鑑賞。

Ａ 用紅松樹木建構的挑高樑柱空間 Ｂ 昭和41年（1966）被指定為國家重要文化財 Ｃ 客房與主臥室等和室都精心擺設 Ｄ 讓人感受到日本傳統美學的家具擺飾 Ｅ 入口的門簾是幕府賜贈的

屋台會館周邊

よしじまけじゅうたく

吉島家住宅

橫樑與柱子立體交錯
精緻且優美的富商宅邸

天明4年（1784）起經營酒窖生意的富商住宅。現在的建築物是明治38年（1905）遭受祝融後所重建的。呈弧線型的天井等建築呈現女性化的美感。

☎0577-32-0038 住高山市大新町1-51 ¥門票500日圓 ⏰9～17時（12～2月為～16時30分）休無休（12～2月週二休）交JR高山站步行15分 P無 MAPP81D1

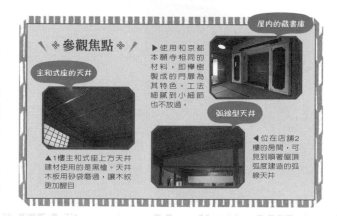

❋ 參觀焦點 ❋

主和式座的天井

▲1樓主和式座上方天井建材使用的是黑檜。天井木板用砂袋磨過，讓木紋更加醒目

屋內的藏書庫

▶使用和京都本願寺相同的材料，即櫸樹製成的門扉為其特色。工法細膩到小細節也不放過。

弧線型天井

◀位在店舖2樓的房間，可見到順著屋頂弧度建造的弧線天井

參觀高山歷史
最悠久的
古民宅建築

建造於文政9年（1826）左右的「松本家住宅」。原本是做藥材生意，屋號為「原三」的建築物，明治45年（1912）由販賣蠟燭及練油的松本家買下。

☎0577-36-5600 MAP P79D2

屋台會館周邊
くさかべみんげいかん

日下部民藝館

穩重且相當氣派
是幕府時代的御用商家

天領時代（1692～1868）因做為幕府的御用商人而興盛的商家。最具震撼的是高9.5m、邊長約21cm方形的檜木大黑柱，以及長約18m的橫樑架構起來的內部空間。與緊鄰的吉島家對照之下較具陽剛味。

☎0577-32-0072 ⨁高山市大新町1-52
¥門票500日圓 🕘9時～16時30分（12～2月為～16時）休無休（12～2月週二休）
🚃JR高山站步行15分 P無 MAP P81D1

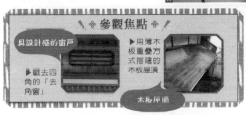

※參觀焦點※

具設計感的窗戶

▶截去四角的「去角窗」

用薄木板重疊方式搭建的木板屋頂

木板屋頂

Ａ 樑裡架構完全不使用釘子 Ｂ 倉庫裡展示著6000件工藝品 Ｃ 主屋的長屋簷令人印象深刻

Ａ 進入玄關後依序是主屋、中庭、倉庫 Ｂ 建築物位在連結高山與富山的越中街道旁 Ｃ 中庭具有採光及換氣的功能

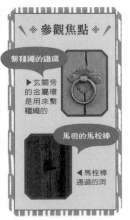

※參觀焦點※

繫韁繩的鐵環

▶玄關旁的金屬環是用來繫韁繩的

馬廄的馬栓棒

▶馬栓棒通過的洞

屋台會館周邊
みやじけじゅうたく

宮地家住宅

可窺見當時居民的日常生活
在日語裡稱之為「鰻の寢床」

經營米店及酒店，也跨足養蠶業與農業的半農半商之宮地家宅邸。房子長度是寬度的4倍，狹長的構造在日語裡被稱為「鰻の寢床」，可一窺當時居民的生活型態。

☎0577-32-8208 ⨁高山市大新町2-44 ¥免費 🕘9時～16時30分 休週一～週五（逢假日則開館）🚃JR高山站步行20分 P5輛 MAP P78C2

古民宅的挑高建築樣式是從明治時代開始的。江戶幕府廢除了房簷的高度限制，師傅們因此能展現創意。

早上不妨早點起床
逛逛高山的二大朝市

散步時間 約 **1** 小時

宮川河畔以及高山陣屋前的2處朝市每天營業。
兩個朝市之間走路只需10分，可以兩邊都逛逛。

帶著相機到朝市逛逛

有時一天會有多達50個以上攤販出來擺攤
🏠 宮川朝市

店家可以代客剝桃子皮，當場就能品嘗
🏠 宮川朝市

發現在杯子裡的猴寶寶！這也是手工製作的喔
🏠 宮川朝市

還帶著泥土的飛驒蔥。新鮮程度不在話下
🏠 宮川朝市

發現帶葉蘋果，讓人不禁按下快門。看起來很可口
🏠 陣屋前朝市

只有手指頭大小的茄子。做成醬菜剛剛好
🏠 陣屋前朝市

手工製作的醬菜，可以試吃。和老闆聊天也很開心
🏠 宮川朝市

有許多自製味噌。朴葉味噌有高山媽媽的味道
🏠 陣屋前朝市

逛完朝市後
來杯咖啡歇息一下

可到7時30分開始營業的「喫茶ドン」喝杯咖啡。昭和26年（1951）開幕，是高山市內歷史最悠久的咖啡廳。卡布奇諾450日圓。
☎0577-32-0968
MAP P81D2／附錄B2

可以買到以下商品

三町周邊

みやがわあさいち
宮川朝市

沿著宮川一整排都是攤販

宮川沿著高山市中心流過南北，從東岸的鍛冶橋到彌生橋約350m一帶攤販林立。攤販種類從當地種植的蔬果到猴寶寶、一位一刀彫等工藝品都有。

☎0577-32-3333（高山市觀光課）🕐7～12時（11～3月為8時～）休無休 JR高山站步行10分 P可利用附近的收費停車場
MAP P81D2／附錄C1

紅蕪菁
1袋約300日圓
高山最具代表性的醬菜。也有甜醋漬及千枚漬等種類豐富

西洋梨
1個130 200日圓
稱為Ballade品種的西洋梨香甜多汁。盛產期在秋天

猴寶寶
掏耳棒
1支約250日圓
附在耳扒上的猴寶寶是純手工製作的。價格不貴很適合拿來當伴手禮

高山陣屋周邊

じんやまえあさいち
陣屋前朝市

位在高山陣屋前廣場的攤販

位在具有高山歷史象徵的高山陣屋前面。雖然曾經中斷過，但從大正時代一直延續至今，是很有歷史的朝市。除了新鮮的蔬菜與水果外，也有不少鮮花店，攤販數總共約20～30間。

☎0577-32-3333（高山市觀光課）🕐7～12時（11～3月為8時～）休無休 JR高山站步行10分 P可利用附近的收費停車場
MAP P81D4／附錄C6

朝市麻糬
1袋約350日圓
裡頭有南瓜與艾草、核桃等綜合口味，可一次吃個夠

少女蘋果
1袋200日圓
可整顆拿起來咬的小蘋果。裡頭滿滿是蘋果醬

棗子
1公斤 500日圓
秋天是棗子產季。甜味清爽，多半拿來煮成甜棗。

小知識 逛朝市的秘訣！

①請早點出門
以便有充裕時間逛街

營業時間包含了擺攤準備與收攤整理的時間。如打算逛2個朝市，建議可從攤位較集中的陣屋前朝市開始逛。

②不妨尋找
當季的蔬菜與水果

春天有山菜與草莓、夏天有番茄與玉米、水蜜桃、櫻桃等。秋天則是宿儺南瓜與菇類、蘋果，冬天登場的是飛驒蔥與紅蕪菁。

③逛朝市的同時
可以買點外帶美食

宮川朝市攤位的對面有很多伴手禮店。飛驒牛串燒及特產酒霜淇淋等販賣一些小吃的店也不少。

宛如時代繪卷的美景
點亮整個城鎮的華麗春天高山祭

捎來春天訊息的山王祭是以上町地區為主的固定祭典。
櫻花也在此時綻放，讓整個地區更充滿熱鬧又高雅的氣氛。

▼花車經過中橋的時間是9時與16時左右

12座花車將小鎮點綴得很繽紛的同時，也宣告春天的到來

高山祭是？

春天山王祭與秋天八幡祭的合稱，擁有400年歷史。春天有12座、秋天有11座豪華燦爛的花車登場。祭典陣仗之名稱按春秋季節不同分別叫做「御巡幸」、「御神幸」，夜間祭典則分別稱為「夜祭」與「宵祭」。

1 可近距離看到有「活動的陽明門」之稱的花車 **2** 花車上力道強勁的雕刻令人注目

舉辦時期 4月14‧15日

さんのうまつり（はるのたかやままつり）
山王祭（春天高山祭）

舊高山城下町南半邊之守護神日枝神社的例行祭典。祭典區總共會有12座花車從各個花車停放處被抬出場。豪華花車穿梭在小鎮各狹窄角落，氣勢磅礡！而華麗花車通過朱紅色中橋的景色更是美麗。不容錯過的是其中3座花車所進行的機關人偶表演（1天2場表演），以及第1天晚上舉辦的夜祭。

飛驒高山城鎮的博物館
15日 屋台花車展示
14日 夜祭
14日 屋台花車展示
日枝神社
櫻山八幡宮
高山祭屋台會館
日下部民藝館
休息處 高山陣屋
14‧15日 機關人偶表演
江名子川
神明町通り
和合櫚
枡形櫚
158
天滿神社
本町通り
宮川
鍛冶橋
中橋
筏橋
柳橋
不動橋
赤田橋
弥生橋
萬人橋
下呂站
廣小路通り
攤販區
往富山站
高山本線 **高山站**
158

※此為2014年的行程。請到當地後再自行確認

春天高山祭的主要舞台在此

「日枝神社」位在城山，是高山城築城當時做為守護神被祭拜的神社。觀光客也可以參觀高山祭當日的祭神儀式。

☎0577-32-0520 MAP P79D1**

屋台花車展示
やたいひきそろえ

從花車停放倉被抬出來的花車會在指定場所做展示。神樂台、三番叟、石橋台、龍神台停在中橋的橋端處，其他的花車則停在神明町大街等處。**

御巡幸
ごじゅんこう**

數百名的信徒們身著傳統服飾進行繞境活動。14日中午過後由日枝神社出發，在御旅所（休息處）過一夜。15日午後再返回日枝神社。

▲以神輿為中心緩慢前進

▲花車在祭典演奏聲中前進

夜祭
よまつり**

只在第1晚舉辦。12座花車分別掛上100個燈籠進行繞境，幻異氣氛與白天截然不同。

活動內容

行程表 ※2014年資料

14日

| 9時30分～16時左右 🌸屋台花車展示 |
| 13～17時左右 🌸御巡幸 |
| 11時～11時50分左右 🌸機關人偶表演 |
| 15時～15時50分左右 🌸機關人偶表演 |
| 18～21時左右 🌸夜祭 |

15日

| 9時30分～16時左右 🌸屋台花車展示 |
| 12時30分～16時左右 🌸御巡幸 |
| 10時～10時50分左右 🌸機關人偶表演 |
| 14時～14時50分左右 🌸機關人偶表演 |

機關人偶表演
からくりほうのう**

配合祭典奏樂，操偶師熟練地操作機關人偶。共有三番叟、石橋台、龍神台等三座花車進行表演。演出時間總共50分。

▶將臉靠近箱子

龍神台
りゅうじんたい

龍神人偶在一瞬間出現。紙花亂舞的激烈表演相當受歡迎。**

▶從幕裡蹦出來的是龍神人偶

▲中國小童捧著璽出來

▲突然變成老翁

三番叟
さんばそう

配合歌舞伎及能劇裡廣為人知的曲目「三番叟」，小童持著扇子和鈴鐺比劃動作。**

▲小童搭配著曲調表演

石橋台
しゃっきょうたい

這座花車名稱由來的石橋人偶搭配著歌曲「英執著獅子」演出。**

▲再次變回美女模樣

▲扇笠造型的美女出場跳舞

▲所穿著的和服掀了起來

◀從裡面變出一頭獅子

可到觀光服務處或下榻飯店索取觀光導覽手冊。祭典當天也可到高山祭導覽總部索取。

高山 ● 宛如時代繪卷的美景 春天高山祭

11座豪華的花車登場！
感謝秋天豐收的秋天高山祭

在高山市郊外的樹木開始轉紅時期舉辦的秋天高山祭。
10座花車一字排開展出的場面令人震撼。

豪華的祭典花車齊聚
在表參道上

▲ 櫻山八幡宮的表參道人山人海好不熱鬧

1 掛滿燈籠的花車照亮了夜晚的宵祭 **2** 裝飾著金色鳳凰之大太鼓是神樂台的特色 **3** 隨著花車不同，燈籠上的紋樣也不一樣

舉辦時期 10月9・10日
はちまんまつり（あきのたかやままつり）
八幡祭（秋天高山祭）

舊高山城下町北半邊之守護神櫻山八幡宮的例行祭典。登場的屋台花車一共有11座，其中10座在表參道一字排開的場面很浩大。第一天所進行的繞境活動是秋天祭才有的，很值得欣賞。4座花車從眼前緩慢通過的瞬間頗具震撼力。高山祭最精彩的機關人偶戲是由布袋台所演出。

9・10日 機關人偶表演　9日 宵祭
飛驒高山城鎮的博物館
日枝神社
櫻山八幡宮
高山祭屋台會館
9・10日 屋台花車展示
9日 屋台花車繞境
江名子川
158
神明町通り
高山市政紀念館
和合橋
高山陣屋
樹形橋
日下部民藝館
攝飯區
往富山站
高山本線　高山站
158
往下呂站

※此為2014年的行程。請到當地後再自行確認

▶布袋和尚
與2位中國
小童登場

秋天高山祭的主要舞台在此
古神社「櫻山八幡宮」據傳創建於
1600年前，長久以來受到當地居
民的敬戴。祭典當天的機關人偶戲
就是在此表演。
☎0577-32-0240 **MAP** P78C1

▶中國小童在被稱為"綾
（AYA）"的吊桿間盪來盪去

▲2位中國小童站在布袋和尚的肩頭

からくりほうのう 機關人偶表演

秋祭期間唯一的機關人
偶戲是由享保年間
（1716～1735）所創建
的布袋台演出。表演時
間約20分。地點在櫻山
八幡宮境內。

ほていたい 布袋台

由8位操偶師熟練地操控36
條繩索進行人偶表演，是高
山祭的機關人偶戲中被認為
難度最高的。布袋和尚與中
國小童之間的對戲很精彩。

 活動內容

🕐 行程表 ※2014年資料

	9～16時左右 **屋台花車展示**		
9日		13時30分左右 **屋台花車繞境**	
		13～15時左右 **御神幸**	
	12時～12時20分左右 **機關人偶表演**	15時～15時20分左右 **機關人偶表演**	18～21時左右 **宵祭**

	9～16時左右 **屋台花車展示**	
10日	8時30分～11時30分左右 **御神幸**	13時30分～16時左右 **御神幸**
	11時～11時20分左右 **機關人偶表演**	13時～13時20分左右 **機關人偶表演**

 🧿

やたいひきそろえ 屋台花車展示

進行機關人偶表演的布袋
台停放在櫻山八幡宮，其
餘的10座花車聚集在表參
道。

▲花車在9點的集合時間
陸續出現

やたいひきまわし 屋台花車繞境

白天的花車繞境是僅有秋祭才會
舉辦的活動。除了神樂台與鳳凰
台，再加上輪流參與的另外2座，
每年都會有4座花車一起繞境。

◀ 使用「戻し車（迴
車）」以改變前進方向

▼春祭稱為「御巡幸」、
秋祭則叫做「御神幸」

ごじんこう 御神幸

9・10日都從櫻山
八幡宮出發。在鼓
聲及奏樂中信徒數
百人一起緩慢繞
境。

▲花車上掛了100個
燈籠

よいまつり 宵祭

與春祭一樣都只在第一天晚上舉
辦。繞境一圈後，再唱著「高い
山」的曲子回到各自的花車停放
倉。

📖 1年前便可預約飯店，祭典當日高山市內的飯店都是客滿狀態。建議盡早排定行程。

高山
● 11座華麗的花車登場！秋天高山祭

43

豪華燦爛的高山祭花車是
飛驒工匠們的技術結晶

以華麗姿態繞境，有「活動的陽明門」之稱的高山祭花車。
在此為大家介紹被國家指定為重要有形民俗文化財的花車魅力。

透過工匠們技術競爭而誕生的華麗花車

高山祭能晉身為日本三大美麗祭典的理由之一正是因為擁有華麗屋台花車之故。根據歷史記載，花車的出現是在飛驒國成為幕府直轄地後的正德6年（1716）。花車帶有江戶風格而機關人偶屬於上方（京阪地區）風格，這種結合了東西文化的高山特殊花車在江戶時代後期被定型下來。均衡優雅的外形為其特徵，無論是雕刻還是金屬零件、織物、繪畫、人偶等，連細微的部份都美不勝收。要能完成如此花車，憑藉的正是木工師、漆藝師、雕刻師之技術與男人們的經濟能力。當地居民們於各區製作花車，在每次祭典中較量彼此的華麗程度和投入心力的多寡。昭和35年（1960），23座花車全被指定為國家重要有形民俗資料（即現在的重要有形民俗文化財）。

有「活動的陽明門」之稱的花車大解說！

18世紀前
就被導入的機關人偶
出現於享保時期到天明時期（1716～89），大部分是在文化時期至文政時期（1804～30）引進的。據說是出自京都的人偶細工師傅之手。

▲8位操偶師在布袋台巧妙地操控36條繩索

如何操控人偶？
花車正上方有一根突出的操控棒將繩索隱藏在裡頭，人偶便是透過這些繩索來操控的。人偶細緻又大膽的動作栩栩如生，令人看得嘖嘖稱奇。

屋頂以切破風樣式為主流
以前大多數的花車都以唐破風屋頂樣式為主，現在只剩仙人台。神樂台沒有屋頂，取而代之的是備有大太鼓。所有花車的屋頂上都描繪著代表這座花車的"台紋"。

花車中間部分的艷麗布幕
有些還是來自國外傳入品或使用京都西陣織做成的織物。布幕上細緻的刺繡令人著迷。

◀在山王祭中登場的青龍台布幕

精細的雕刻
由技術精湛的雕刻師做出的雕刻作品千萬不可錯過。獅子、龍、龜等在在充滿震撼力。

▲於八幡祭中登場的寶珠台雕刻

為了保護美麗裝飾
而發明的迴車
所謂的車是指輪子之意。隨著花車的製作越來越華麗，牽引方式也有可能改變。為了能順利轉換方向會裝上小型的迴車。

各座屋台花車的欣賞焦點！

色彩鮮豔的刺繡及強而有利的雕刻，每座花車精心製作的裝飾都值得細細品味。
在此特別介紹6座花車！

琴高台的布幕　春
きんこうたい

以刺繡表現出巨大鯉魚在波濤洶湧中的奮泳模樣。現在的布幕是昭和60年（1985）重新製作的

麒麟台的雕刻　春
きりんたい

被認為是花車雕刻的傑作「唐子群遊彫刻」是飛驒知名工匠谷口与鹿之作品。

青龍台的屋頂　春
せいりゅうたい

歇山頂樣式的屋頂是仿高山城天守閣而來的。頂端前後裝飾著金鯱。

大八台的車輪　秋
だいはちたい

花車名稱來自於大八車（2輪推車）。外面二輪直徑逹1.72公尺，是祭典花車當中最大的

鳩峰車的織物布幕　秋
きゅうほうしゃ

掛在花車四周圍，前面是雲龍、左右是明人遊苑圖，後方則描繪著中國的人物圖

豐明台的裝飾　秋
ほうめいたい

屋頂裝飾著金黃色大鳳凰，鮮豔的菊花及牡丹雕刻、十二生肖白雕都華麗無比

存放花車的停放倉也能見識到工匠技術

在鎮上有多處存放花車的白牆倉庫停放倉，可將整座花車都擺放進去而免於拆解。其中最值得注目的焦點是兩扇對開門。乃結合高山的木工師與塗漆師之技術合力完成的，寬約1.3公尺、高約6公尺、厚逹30公分。

▶天保3年（1832）的大火後陸續建造的

一整年都開放參觀花車

在高山祭屋台會館裡常年展示著在八幡祭中實際登場過的屋台花車。總共11座花車輪流在此展示。另外還播放高山祭的影片，全年都可感受祭典氣氛。

▶由巫女提供導覽解說服務

屋台會館周邊
たかやままつりやたいかいかん
高山祭屋台會館

☎0577-32-5100　住高山市桜町178　¥門票820
日圓（與旁邊的櫻山日光館共通）　⊙8時30分～17時
（12～2月為9時～16時30分）　休無休　交JR高山站
步行20分　P50輛（收費）　MAP P78C1～2

來到山村景色的飛驒之里
有如走進日本童話的世界

飛驒之里忠實呈現了往昔傳統的山村生活。
就從國家重要文化財的古民宅開始,一覽飛驒的原始風景吧!

參觀時間
約 **1** 小時

▼目前只剩高山與新潟縣佐渡島還採用由內而外圓形的耕種方式。實際耕作景象

🍁 秋紅時期

▲符合鄉愁一詞的
秋天景色

▲境內的水車小屋

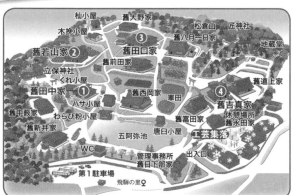

ひだのさと
飛驒之里

時間緩緩流逝的古民宅之里

相當於3個東京巨蛋,約4萬坪的佔地裡
有30棟移建過來的古民宅,其中包括4
棟為國家重要文化財,是一處聚落型的
博物館。館內除了可參觀從前的生活工
具及傳統工藝實演外,農田裡也栽種了
稻米與醬菜用的紅蕪菁,能體驗從前山
村的生活方式。來到這兒有如置身在古
老的童話世界裡。

☎0577-34-4711 🏠高山市上岡本町1-590
💴門票700日圓 🕗8時30分~17時(秋冬點燈
期間17時30分~21時) 🈺無休 🚌JR高山站搭
乘猴寶寶巴士9分,在飛驒之里下車即到
Ⓟ250輛(1次300日圓) MAP P79E4

不需預約也能體驗傳統工藝

來到「飛驒之里」除了參觀稻草編織與陶藝、刺子繡、編織機等約10種傳統工藝，也可實際參與其中幾種製作體驗一下。需事前詢問舉辦日期，當天報名時間為10～15時。

參觀館內列為國家重要文化財的古民宅

① きゅうたなかけ 舊田中家

江戶時代中期建造，採木片屋頂樣式的住宅。這是江戶時代的國學家・田中大秀的宅邸，身為資產家的田中一家為了管理農地與徵收年貢而在鄉下所蓋的房子。

參觀焦點
在設有地爐的玄關間不鋪木板而用草蓆的生活方式為其特徵。

▲ 玄關地下設置了天然儲藏庫「MURO」

 ◀ 傾斜度和緩的屋頂

參觀焦點
最值得參觀的是完全沒有使用釘子的樑柱結構部分。樑與柱之間是靠金纏梅樹做成的繩子來固定的。

② きゅうわかやまけ 舊若山家

由豪雪地帶的舊莊川村北部移建過來的茅草屋頂住宅。陡峭的屋頂構造是為了減輕鏟除厚積雪時的負擔。1樓是生活起居間，2～4樓則用來做為養蠶空間。

▲ 傾斜60度的屋頂能耐強風及大雪

③ きゅうたぐちけ 舊田口家

從飛驒地方南部的下呂市金山町移建過來的。這裡是代代從事村長職務，在地方上佔有重要地位的田口家生活過的木片屋頂民宅。房內十分寬敞。

參觀焦點
特徵是有3座地爐，分為田口家族專用、家僕用及村人聚集之用。

 ◀ 有一個可做為名人之家證明的郵筒

④ きゅうよしざねけ 舊吉真家

位在岐阜與富山縣境的茅草屋頂住宅。特徵是利用栗子樹的分叉樹幹做成的堅固又大樑柱，曾在安政5年（1858）的大地震中幸免於難。

參觀焦點
利用分枝樹幹做成的分叉樑柱千萬不能錯過。建築物四個角落外加另一處一共有5處。

▲ 歇山頂樣式的屋頂令人印象深刻

 4月下旬～11月上旬提供免費的導覽解說服務。可在入館處申請或事前以電話預約。

全日本數一數二的品牌牛
好好地享用一頓飛驒牛的午餐吧

提到飛驒美食，立即浮現腦海的還是飛驒牛。夢幻的品牌牛在午餐時段價格會便宜一些。從牛排到紅酒燉牛肉，甚至義大利麵等，在此為大家介紹飛驒牛的絕品午餐。

飛驒牛排套餐
3780日圓～
美味肉質全濃縮在這一道。醬汁有馬士達醬及紅酒醬2種，附麵包或白飯、湯品、義式冰淇淋、咖啡

三町周邊
ひだぎゅうすてーきとはんばーぐせんもんてん
れすとらん る・みでぃ

飛驒牛排與漢堡肉專賣店
RESTAURANT LE MIDI

將1級食材的美味發揮極致的
鎮上的法國餐廳

以合理價位提供嚴選飛驒牛的美食餐廳。到法國研修過的主廚在此展現出技術及品味的精髓。受歡迎的牛排套餐提供大腿肉、里肌、菲力、沙朗等4個部位，佐以飛驒蔬菜享用。

☎0577-36-6386 住高山市本町2-85 ⏰11時30分～15時30分、18時～21時30分（週六・日、假日17時～）休週四（逢假日則照常營業）交JR高山站步行10分 P5輛 MAP P81D3／附錄C4

◆預算
午餐1人1944日圓～（不需預約）
晚餐1人3780日圓～（不需預約）

另外推薦的午餐

・飛驒牛之精選漢堡肉 2160日圓
・飛驒牛之紅酒燉嘴邊肉 3780日圓

1 店內的紅色沙發令人印象深刻。2樓也有座位
2 位在筏橋西紅綠燈的邊間

飛驒牛是?

飛驒牛是指在岐阜縣內飼養14個月以上的黑毛和種當中，符合最高品質A5～B3等級的牛種。在飛驒地方・北阿爾卑斯山廣大地域中飼養的飛驒牛，最大特徵就是肉質不但軟嫩且鮮甜。

沙朗肉
多油脂，是口感醕富的雕高級部位之一。位在牛肋骨之後，多半做成牛排等

里肌肉
肉質最柔嫩的部位，位在肋骨內側，油脂相對較少，又稱菲力

大腿肉
位在牛大腿部分。由於是經常運動到的部位，暗紅色且脂肪少，富含蛋白質與鐵質

也有咖哩口味的飛驒牛菜色

咖哩專門店「飛驒牛カレーハウス天狗」的飛驒牛咖哩飯1600日圓，使用100g以上的飛驒牛，可謂份量十足。
☎0577-32-0147
MAP P81D3／附錄C4

三町周邊
れすとらん ぶるぼん

レストラン ブルボン

堅持使用最優質的A5等級牛肉可說是隱藏版的道地酒館

在當地多年來備受喜愛的道地酒館。即便飛驒牛也只使用油脂豐富的A5等級牛。所推薦的紅酒燉牛肉是花了5個小時燉煮的，厚實的霜降肉入口即化。

☎0577-33-3175 住高山市本町4-5
🕐11～14時、17～21時 休不定休 交JR
高山站步行10分 P無 MAP P81D1

紅酒燉牛肉全餐 3900日圓
美味的多明格拉斯醬是花了20天以上特別熬煮做成的。全餐包含湯品及沙拉等共5道菜

另外推薦的午餐

・飛驒牛半熟菲力
4900日圓
・飛驒牛排套餐
6300日圓

◆預算
午餐1人2900日圓～（不需預約）
晚餐1人3600日圓～（不需預約）

創業於昭和48年（1973）

三町周邊
おすてりあ・ら・ふぉるけった

オステリア・ラ・フォルケッタ

在義大利餐廳享用飛驒牛與飛驒產蔬菜

可品嘗義式口味的飛驒牛料理。特選午餐2000日圓有5種義大利麵條可供選擇，再加400日圓可改成飛驒牛義大利麵（右圖）。

☎0577-37-4064 住高山市吹屋町3
🕐11時30分～13時30分LO、18～21時
休週四（每月1次連休）交JR高山站步行
13分 P無 MAP P81F3

特選午餐（Tacconi義大利麵佐飛驒牛小腿肉佐Peposo 黑胡椒醬）2200日圓
黑胡椒風味與帕瑪森起司是美味所在。附佛卡夏麵包和義式甜點

另外推薦的午餐

・飛驒牛之紅酒燉嘴邊肉與季節蔬菜 2700日圓
・飛驒牛大腿肉之義式魚醬風味 3800日圓

◆預算
午餐1人1500日圓～（不需預約）
晚餐1人4000日圓～（不需預約）

日式風格的餐廳外觀與門簾獨樹一格

高山陣屋周邊
きっちんひだ

キッチン飛驒

份量可隨客人喜好挑選的牛排餐廳

可自由選擇肉質等級（A3～A5）與公克數的牛排餐廳。

☎0577-36-2911 住高山市本町1-66
🕐11時30分～15時30分、17時～20時
30分 休週三（逢假日則營業）交JR高山站
步行10分 P20輛 MAP P81D3／附錄
B5

飛驒牛之俄式燉牛肉 2700日圓
飛驒牛菲力佐特製牛排醬和奶油。搭配的奶油飯也很美味。附飯或麵包、沙拉、咖啡

另外推薦的午餐

・飛驒牛之菲力牛排套餐 3400日圓～
・飛驒牛之里肌牛排套餐 4350日圓～

◆預算
午餐1人1800日圓～（不需預約）
晚餐1人2700日圓～（不需預約）

1、2樓合計超過70個座位

 「RESTAURANT LE MIDI」的宿儺南瓜之三顆星布丁1個350日圓，天然甜味且口感濃郁，是很有人氣的伴手禮。

溫和風味暖心又暖胃
滿滿山間美味的鄉土料理

古都‧高山自古以來便是傳承了先人智慧的鄉土料理寶庫。
來到這兒好好地品嘗一下當地食材與先人智慧結晶的古早味。

❖ こも豆腐
將木綿豆腐以竹簾捲起後再花時間熬煮過，十分入味

❖ 宿儺南瓜 (すくな)
飛驒特產，特徵是形狀像胡瓜般細長。帶有栗子般的甜味與香氣

❖ 煮たくもじ
用醬油和砂糖調味的醃菜。"くもじ"是從前宮女們在宮中所使用的隱語，意指醬菜

❖ ころ芋
直徑僅約2cm的迷你馬鈴薯。帶皮整顆煮成鹹甜口味

在鄉定食 2500日圓
主角是以10道小菜組成的在鄉拼盤，搭配鱒魚甘味煮與朴葉味噌

屋台會館周邊

京や (きょうや)

淳樸的飛驒家庭料理
讓人讚不絕口

充滿山村氣氛，可品嘗從前家庭美味的餐廳。由160年歷史的古民宅移建改裝而成的，有地爐座。值得推薦的在鄉定食十分划算，用當地食材做的山菜料理很豐盛。

☎0577-34-7660 住高山市大新町1-77 ⏰11～22時 休週二 交JR高山站步行15分 P15輛 MAP P81D1

◆預算 午餐1人1500日圓～(不需預約)
晚餐1人2500日圓～(不需預約)

雞湯650日圓
用3種味噌調味而成

❶店內有各種民藝品裝飾。有長型地爐座位
❷位在橫跨江名子川的櫻橋旁

來一份高山最具代表性的點心五平餅

五平餅是把白飯搗成糊後做成串燒形狀燒烤而成的，有許多可外帶的店。「さん陣」的五平餅一支200日圓。

☞P26

MAP P81D3／附錄D3

紅蕪菁
飛驒地方的特產。只要提到高山的醬菜，第一個想到的就是紅蕪菁

田舍料理定食
1450日圓
將簡單食材味道發揮極致的樸素美食。另附3道小菜、冷豆腐、醬菜

棗子
盛產在秋天的果實。雖能生吃，但多半做成甘露煮

建築物約有200歷史。以前是江戶時代開始營業的旅館

三町
ひさだや
久田屋

四季不同的滋味都凝聚在這一道

可吃到主廚用精選當季食材做成的美味料理。值得推薦的是田舍料理定食，約10種小菜組成的拼盤是主菜，有山菜及蔬菜、豆腐等，內容視季節而定。

☎0577-32-0216 ⓣ高山市上三之町12 ⏰10時30分～15時 休不定休 交JR高山站步行10分 P無 MAP P81D3／附錄D4
◆預算 午餐1人1450日圓～(不需預約)

三町
ちそうや わびすけ
馳走屋 侘助

可悠閒用餐的隱藏版土藏餐廳

約120年歷史的土藏改建而成的餐廳。店內擺放著許多昭和初期的生活用品。白天可吃到飛驒牛料理等鄉土菜，晚上則可單點一些適合下酒的美食享用。

☎0577-36-2111 ⓣ高山市下三之町23-4 ⏰11時～13時30分、18～23時 休週三 交JR高山站步行12分 P僅夜間4輛
MAP P81D2 ◆預算 午餐1人1620日圓～(不需預約) 晚餐1人3000日圓～(不需預約)

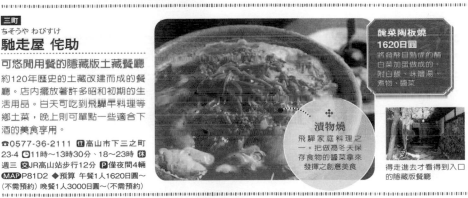

醃菜陶板燒
1620日圓
將絲絲酥目脆脆的醃白菜加蛋做成的，附白飯、味噌湯、煮物、醬菜

漬物燒
飛驒家庭料理之一。把做為冬天保存食物的醬菜拿來發揮之創意美食

得走進去才看得到入口的隱藏版餐廳

朴葉味噌定食
1300日圓
有山菜、迷你馬鈴薯等配菜，附朴葉味噌、白飯、味噌湯、醬菜

朴葉味噌
在朴葉放上味噌燒烤的高山料理。可品嘗出味噌的美味

畫有葫蘆的藍色門簾為其特徵

三町
わきぢやや
脇茶屋

可輕鬆享用的古都餐館

蕎麥麵、烏龍麵、酥脆的炸天婦羅等，以鄉土味為主的平價餐廳。推薦的是使用小烤爐燒烤的朴葉味噌定食。

☎0577-32-0981 ⓣ高山市上三之町52 ⏰10～15時 休週三 交JR高山站步行10分 P本店「脇陣」10輛 MAP P81D2／附錄D2
◆預算 午餐1人800日圓～(不需預約)

 在京や漬物店（☎0577-32-0144 MAP P81D1）可買到鄉土料理店「京や」所使用的醬菜。

高山拉麵&飛驒蕎麥麵
大啖當地兩大麵食

全日本知名度及人氣都很高的高山拉麵&飛驒蕎麥麵。
請細細品嘗這兩種隨著飛驒歷史發展而來的麵食。

▲有7個吧檯座與
3張桌子的和式座

屋台會館周邊
やよいそば かどみせ
やよいそば 角店

帶著微甜的湯頭很美味

創業於昭和23年（1948）
的中華麵之2號分店。以雞
骨與柴魚片為底，再加進大
量蔬菜熬煮而成的甜湯頭廣
受好評。

▲店內有吧檯位與一張
大桌位

☎0577-32-2088 住高山
市七日町1-43 ⏰11～18
時（12～3月～17時）休週
二 交JR高山站步行13分
P3輛（其他14輛30分鐘
免費）MAP P81D1

叉燒麵1000日圓
大塊又柔軟的自製叉燒肉5
片蓋住整碗麵，真是值回
票價的一碗

高山站周邊
ききょうや
桔梗屋

擁有不少當地粉絲的古早味

用圓桶大鍋花上8小時以上熬煮
出來的，湯頭充滿雞骨及小魚乾
風味。昭和26年（1951）創業，
現由第二代維持著傳統美味。

☎0577-32-2130
住 高山市本町3-58
⏰11時～22時30分
休週四 交JR高山站
步行10分 P無
MAP P81D2／附錄
B1

中華麵
加蔥 880日圓
在730日圓的原味中
華麵中盛滿蔥花。
使用當地產的醬油
調味。

高山拉麵是？

所謂的高山拉麵是發源於
第二次世界大戰以前的小
麵攤，當地人稱之為「中
華そば（中華麵）」，廣
受喜愛。基本上以醬油味
為湯底，搭配細波浪麵。

高山站周邊
まさごそば
まさごそば

從小麵攤發跡
中華麵的創始者

高山拉麵的創始店。從昭和
13年（1938）擺小麵攤開
始至今就一直只販賣中華
麵。在柴魚片&蔬菜湯底加
入鹹味醬油的湯頭好吃得不
得了。

☎0577-32-2327 住高山市有
樂町31-3 ⏰11時30分～17時
30分 休週三、不定期 交JR高山
站步行8分 P3輛 MAP P81D3
／附錄B4

▲簡樸的外觀。菜單只有
中華麵（普通‧大碗）一
種

中華麵（普通）
700日圓
偏鹹的湯汁滲進自製麵
條，搭配叉燒肉美味無
窮。自家栽種的青蔥也十
分對味

在家也嘗得到美味的高山拉麵！

「やよいそば 角店」有販賣伴手禮用的拉麵。將生麵真空包裝的高山拉麵醬油口味5人份1100日圓。2人份280日圓。另有鹽味2人份280日圓。

限量十割蕎麥麵 1100日圓

完全無添加其它粉來增加黏性，所以非常香醇。使用的是以特製石臼磨成的蕎麥粉，吃起來很彈口。

▼也供應二八蕎麥麵、烏龍麵、蓋飯等

高山站周邊
たかやまえきまえ ひださんそば ひだ
高山駅前 飛騨産そば 飛騨

限定數量的十割蕎麥麵 想吃的人手腳要快

可吃到使用100%飛騨產蕎麥粉做成的手工蕎麥麵。美味限量的十割蕎麥麵一過正午便賣光光，是超人氣美食。

☎0577-32-1820
住高山市花里町6-22 🕐11～17時 休不定休 交JR高山站步行1分 P1輛
MAP P80B3

高山站周邊
ひだそば こふね
飛騨そば 小舟

位在站前營業75年的老店

創業於昭和11年（1936）。除了著名的飛騨牛蕎麥麵，也有許多山菜或炸天婦羅等季節限定菜色。

☎0577-32-2106
住高山市花里町6-6-9 🕐11～15時，17時～賣完為止 休週三 交JR高山站步行2分 P1輛
MAP P80B3

▲店內掛著許多名人的親筆簽名

飛騨牛蕎麥麵 1300日圓

麵上面舖著有如涮涮鍋的薄牛肉片，看起來就很豐盛。與甜味湯頭也很搭

飛騨蕎麥麵是？

由於飛騨地方位在寒冷的北阿爾卑斯山麓的高冷地區，自古以來就被認為十分適合種植蕎麥。來到高山可得去造訪一下使用上等飛騨產蕎麥製作的蕎麥麵店。

山菜竹簍蕎麥麵 1250日圓

在當地產的山菜類如蕨菜上頭加入一顆生蛋黃一起享用。附偏鹹的蕎麥沾醬及蕎麥麵湯。

▲店門口有一輛老闆自己畫的唐草圖案摩托車

高山站周邊
すみきゅう
寿美久

具體呈現飛騨傳統的手工蕎麥麵

堅持使用石臼自製飛騨產蕎麥的店。執著於現磨、現桿、現煮的現場三步驟，每天只製作當天販賣的量。另外也有蕎麥麵疙瘩980日圓等美食。

☎0577-32-0869 住高山市有楽町45 🕐11～20時（售完即打烊）休不定休 交JR高山站步行8分 P無 **MAP** P81D3／附錄B3

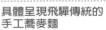

📖 高山拉麵與其他地區的拉麵相較之下，油脂偏少較爽口。

高山 ● 高山拉麵＆飛騨蕎麥麵

廣受當地人喜愛的
輕食午餐也值得一嘗

想要吃點較平價飛驒美食的遊客，可以到下面所推薦的，
在當地頗有人氣且評價不錯的餐廳享用輕食午餐。

飛驒牛漢堡（附炸薯條）
2300日圓（限量）
使用飛驒牛稀有部位的臀肉做成漢
堡肉，口感有如牛排

三町
せんたーふぉー はんばーがーず
CENTER4 HAMBURGERS

在高山才吃得到讓人感動的
飛驒牛100%漢堡肉

這是一間廣受住在高山外國人好評
的漢堡專賣店。20種類當中最值得
推薦的就是飛驒牛漢堡。漢堡肉完
全不使用粉類做黏著，因此最能直
接吃出肉質的好味道。

☎0577-36-4527 🏠高山市上一之町94
🕐11時～14時30分LO、18時～21時
30分LO 休週三 🚶JR高山站步行15分
🅿2輛 MAP P81E3／附錄F4

1 店內的美國雜貨是老闆的蒐藏品
2 漢堡模樣的招牌很醒目

三町
しゅんていなかがわ
旬亭なか川

可嘗到當地的時令蔬菜與
日本海鮮魚、飛驒牛

以法國料理為雛形的鐵板燒餐廳。
每天變換的午餐是使用自家栽種蔬
菜等嚴選食材，價格平實很有人
氣。飛驒牛漢堡肉2370日圓。

☎0577-34-4433 🏠高山市上一之町
33-2 🕐11時30分～15時、18～22時
休週二 🚶JR高山站步行15分 🅿無
MAP P81E3／附錄F3

1 土雞和羔羊料理也很受歡迎 2 餐廳是由
約100年歷史的古民宅改裝而成的

午間全餐 1500日圓～
菜色每天都不同。前菜與主菜各
有3種可供選擇

披薩午餐 1300日圓～
使用當地蔬菜的披薩。有酥脆及Q
彈兩種餅皮可選擇

高山陣屋周邊
ひらのぐらーの
ヒラノグラーノ

眾人一起大啖
剛出爐的披薩

在高山難得一見的道地披薩店。最
大賣點是用石窯仔細烤出來的25種
口味披薩。特別推薦附沙拉和甜點
的午餐。另有1200日圓的義大利麵
午餐。

☎0577-36-3300 🏠高山市上川原町
124 🕐11時30分～14時、17時30分～
21時 休週一 🚶JR高山站步行15分 🅿7
輛 MAP P79D2

1 也有義大利麵和肉類料理 2 披薩圖案的
門簾很可愛

堅持100%選用飛驒牛的漢堡

「旬亭なか川」的漢堡是純飛驒牛肉製，1人份的漢堡午餐重170克2370日圓，充滿肉汁份量十足。特別推薦飛驒牛肋骨排午餐2600日圓。

弱尊咖哩 820日圓
香辣帶勁的一道咖哩。弱尊牛筋肉咖哩1000日圓

高山站周邊
じゃくそん
弱尊

使用28種香辛料
香辣的絕品咖里

可吃到使用28種香辛料，花了約9天熬煮出來的獨創咖里。飛驒牛筋肉與飛驒炸豬排咖哩也頗有人氣。有多種加料供選擇，如起司150日圓。

☎0577-36-1810 ⏺高山市天滿町5-5 🕐11時30分～14時45分LO、17時30分～21時30分LO 休週四(逢假日則營業) 🚶JR高山站步行3分 ℗無 MAP P80C3

1 另販賣自製麵包。真空冷凍咖哩包可宅配至日本各地 **2** 風格另類的裝潢

高山站周邊
みゅーずばー
mieux's Bar

豐富的法式創意料理
平日也能享用

可輕鬆品嘗法式創作料理的餐廳。使用當季食材，無論義大利麵還是漢堡肉都是精心製作，且價格平實。每天變換口味有7道料理的午餐拼盤一定要嘗嘗。

☎0577-35-2430 ⏺高山市名田町6-13-1 🕐11時30分～14時、17～23時 休週一不定休 🚶JR高山站步行4分 ℗有 MAP P80C3

1 店內有桌位與吧檯位 **2** 面對國分寺通的好地段

午餐拼盤 950日圓
照片為煎豬里肌肉與義式炸飯糰等。附甜點1296日圓

豆腐定食1400日圓
以淋上醋的飛驒傳統豆腐「こも豆腐」為開端，可品嘗8種豆腐料理

二町
とうふりょうり のぐちや
とうふ料理 のぐちや

任君飽嘗
各種豆腐的養生菜色

是一間創業百年的老豆腐店。嚴選國產大豆及飛驒清水製成豆腐。有豆腐皮做成的味噌烤豆腐串、炸紫菜豆腐、輕炸豆腐、生豆腐皮片等種類繁多的料理。

☎0577-33-7563 ⏺高山市上三之町35 🕐10時～16時30分 休不定休 🚶JR高山站步行10分 ℗無 MAP P81 D3/附錄D3

1 由町家改裝而成的店，令人心情緩和的用餐氣氛

在隱密的餐廳
好好享受時尚之夜

在高山，一到傍晚大多數的觀光勝地與餐廳就關門了，所以晚上營業的餐廳顯得特別珍貴。在此介紹的是一些行家才知道的隱藏版著名餐廳。

時尚焦點
店內採飛驒古民宅風格。間接照明帶出整體氣氛。

▲照片下方是桌子位，上方是暖爐桌位。2樓有和式座

▲牆上高掛的店名「膳」一下子就映入眼簾

推薦美食

特產酒組合 900日圓
3種高山主要特產酒品牌。每種都能嘗試一下很划算

飛驒牛握壽司
(2人6個)1800日圓
表面稍微烤過的飛驒牛握壽司。光看外表就很豪華。1人份3個900日圓

高山站周邊
かっぽういざかや ぜん
割烹居酒屋 膳

以日本料理為主，菜色種類豐富

視季節不同引進各種食材，每天都有約60種菜色。新鮮海產用來做成生魚片、燒烤及炸物，A5等級的飛驒牛則做成御飯糰或半熟肉等。大眾化的居酒屋型態頗受好評。

◆預算 晚餐1人3000日圓～(不需預約)

☎0577-35-5852 🏠高山市末廣町71 🕐17時30分～24時
🈳週日 🚉JR高山站步行10分 🅿無 **MAP**P80C2

時尚焦點
原本是明治初期的倉庫。裸露樑柱與高聳天井讓氣氛滿點。

▲寬廣的店內有100個座位。可在此舉辦派對

時尚焦點
乾淨清爽的和式摩登裝潢。使用伊萬里燒等細微部分也很講究。

▲照片中是吧檯位。另外有包廂及隔著中庭的特殊別館

推薦美食

奧飛驒

奧飛驒(杯裝)550日圓

使用100%飛驒酒米「ひだほまれ」製成的特產酒，在當地也很有人氣

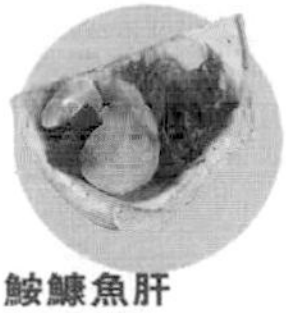

鮟鱇魚肝 680日圓

隨季節變換推薦菜色。冬天的鮟鱇魚肝濃郁美味

城山公園周邊

あぐら

あ蔵

由明治初期倉庫改建而成的居酒屋

可在這間保有舊倉庫風味的店裡品嘗和洋折衷的創作美食。使用A4～A5等級飛驒牛的切塊牛排、色彩繽紛的沙拉、日本海捕獲的當季鮮魚等各式料理等，皆能以實惠價格品嘗。

◆**預算** 晚餐1人2500日圓～(不需預約)

位在稍微遠離老街的南邊

☎0577-37-2666 住高山市神明町4-7 ⏰18～24時 休週一(逢假日則營業) 交JR高山站步行15分 P無 MAP P81 E4

推薦美食

天領古酒 大吟釀(杯裝)700日圓

委託酒窖以低溫儲藏3年製造出來的獨家特產酒

全餐料理(預約制) 9000日圓～

使用最高級的霜降飛驒牛。山菜都是老闆每天親自摘採的天然植物

飛驒高山祭之森周邊

ひだきせつりょうり さかな

飛驒季節料理 肴

奢侈享用飛驒高山的四季美味

位在高山郊外，完全採預約制的高級餐廳。春天有山菜、夏天是淡水魚和高冷地蔬菜、秋天是菇類、冬天則有鮮魚及野味料理，視客人喜好提供細緻的全餐服務。

◆**預算** 午餐1人9000日圓～(需預約) 晚餐1人9000日圓～(需預約)

雖然高級但價格相對合理，評價不錯

☎0577-36-1288 住高山市越後町1126-1 ⏰12～15時17時30分～22時 休不定休 交JR高山站計程車10分 P無 MAP P79F3

開車從富山縣前往高山約1小時，因此遊客才能在餐廳嘗到來自富山縣捕獲的日本海新鮮海產。

越使用越有味道
找尋中意的椅子

被稱為"飛驒工匠"的木工師傅技術至今仍傳承在飛驒家具上。
來到以家具製作聞名的高山，要不要帶一張可用一輩子的椅子回去呢？

由柳宗理設計的高彎曲木製椅

扶手椅（YD261A） A
237600日圓
出自日本民藝運動家之代表、柳宗悅的長男柳宗理之手。線條十分優美，通稱"柳椅"。

增加木材強度的直紋杉木壓縮材

扶手椅（KJ201A） A
129600日圓
榮獲2014最佳設計金質獎。木紋展現出凜然的氣勢以及直線條的剛強。能使生活空間豐富之餘增添高雅的氣息。

深焦糖色光澤帶出懷舊氣氛

弓形扶手椅（P17A） A
162000日圓
將楢木施以古董風格塗裝，帶有懷舊質感為其特徵。塗裝有多種供挑選。

充滿厚重感的搖椅

搖椅 B
199800日圓
拭漆技法的高級感與厚重感為其特色，是家具館Oak Village的長期熱銷產品之一。

最適合放在大廳的個性產品

玄關吊掛椅 B
106920日圓
最特別之處是椅背上方設計了可以吊掛衣物的掛鉤。最適合放在玄關大廳等處。

細微部分的曲線很優美

溫莎椅 B
129600日圓
椅背與座面巧妙地削得與人體完全服貼

高山第一的家具製造老店

高山陣屋周邊
ひだのかぐかん
A **飛驒の家具館**

由飛驒家具老店「飛驒產業」所經營的展示館。自從在大正9年（1920）使用曲木技術做椅子以來已有90年歷史，館內另外設有介紹飛驒家具歷史的專區。

館內有兩樓層。按主題不同分為數區

☎0577-36-1110 住高山市名田町1-82-1 🕘9～18時 休無休 交JR高山站步行15分 P10輛 MAP P79D2

堅持的信念是「從碗盤到建築物」

高山郊外
おーくうぃれっじ
B **Oak Village**

以楢木為主，針對產品特性挑選合適的木材使用，從小東西到家具甚至建築物，所有生活相關製作皆堅持「能使用100年」的信念。

不僅家具，地板與樑柱也全都是木材製

☎0577-68-2220 住高山市清見町牧ヶ洞846 🕘9時30分～16時30分 休無休 交JR高山站計程車20分 P10輛 MAP附錄背面C4

在附設咖啡廳
實際體驗舒適度

「飛驒的家具館」「Oak Village」「暮しのギャラリー」「匠館」皆設有咖啡廳，裡頭所使用的家具都是自家產品，因此可以實際體驗如椅子坐起來的舒適度。照片是「暮しのギャラリー」內的咖啡廳。

令人想在日常生活中使用的溫和楢木製品

皇冠椅 (SC3A) C
37800日圓
楢木的優雅材質與華麗的設計讓人坐起來很舒服，是一張適合平日使用的椅子

2種配色看起來很時尚

無扶手椅 (CC71K) C
48060日圓
使用胡桃木及楢木製成的2色椅。另有純楢木椅41040日圓

放在客廳也很合適的多功能紅椅

安樂椅 (ELC51A) C
90720日圓
椅背及坐墊顏色種類很多。另有皮革製115560日圓

飛驒家具的傳統與時髦風格兩者並存

和蘇扶手椅 D
96120日圓
飛驒家具公司・SHIRAKAWA的產品。充滿讓人"100年後也不會覺得陳舊"的時髦匠意

散發高質感氣息

巧克力色椅子 D
44820日圓
巧克力色的木製部分與橘色椅面很搭配。放在客廳或臥室皆合適

使用胡桃木製成的典雅座椅

匠工房 胡桃木扶手椅 D
50760日圓
很溫暖的木頭色以及典雅的外觀，都只有高級胡桃木才表現得出來。

融入日常生活的原木家具質感精美

飛驒之里周邊
くらしのぎゃらりー
C 暮しのギャラリー

提供能搭配現代生活的家具的「柏木工」所直營的展示館。家具使用的木材以木紋優美的楢木與胡桃木為主。每次使用都有不同感覺，完全展現飛驒家具的優點。

展示區位在「柏木工」的2F

☎0577-32-7288 住高山市上岡本町1-260 ◯9時30分～17時30分 休無休 交JR高山站計程車10分 P20輛 MAP P79D4

飛驒的木製品齊聚一堂

三町
たくみかん
D 匠館

一共3層樓。1樓有販售飛驒土產及咖啡廳，2樓是飛驒家具展示場，3樓則是使用飛驒當地食材的義式餐廳，逛街美食一次滿足。

各層樓都逛一逛吧

☎0577-36-2511 住高山市下三之町1-22 ◯8～18時(冬季為8時30分～17時30分) 休無休 (11～3月週二休) 交JR高山站步行10分 P10輛 MAP P81D2／附錄C1

「飛驒的家具館」另附設OUTLET家具販賣店。想挖寶買些家具的人可以順便去看看。

直接請教家具師傅
飛驒家具的製作過程

自古以來，飛驒就是個廣受豐富木材恩澤之地，工匠的技術傳承至今。
在此介紹謹守傳統的飛驒家具製造過程。

強調木紋的設計
方式充滿魅力

負責解說的是……
家具工房 雉子舍的
音羽俊幸 (おとわとしゆき)
有限公司雉子舍的老闆。1990
年在高山郊外的森林以木工師傅
之姿蓋了小屋，2000年起開始
經營家具工房

Q 飛驒家具的特徵為何？

A 把西方傳來的曲木技術融入曾參與過京都與奈良寺院建築的飛驒工匠技術中而誕生的。所謂的曲木技術就是利用高溫蒸氣將木材彎曲的技巧，厚重的木材要將之彎曲需要高度技術。尤其是椅子及桌子等這類有 "腳" 的作品質感特別優良，在日本各地都很有人氣。尤其是活用木紋的造型設計更是百看不厭，能常久使用也是其魅力之一。

製作過程如下

1 挑選木材

在木材市場挑選橡木等優質木頭，購入後便開始進行基本的木材製作。為了避免加工後的反翹及扭曲現象，必須在經過完全乾燥後的木材中選擇適合產品的木材。如欲製作桌子，就得挑出能做成桌面及桌腳的木材。

▲ 工房內部分堆積的木材
▶ 木材市場擺放的原木

▶工房內總是迴盪著電鋸聲

2 裁切木材

裁切在1中挑選出來的木材。此階段尚不需要切割出正確的大小，只要先切割約略尺寸後再決定長寬。如要做曲木，在裁斷之前木頭得先經過高溫蒸氣將其彎曲。

▼ 大桌子的桌面切割起來很辛苦

在這裡製作！

家具工房 雉子舍 (かぐこうぼう きじや)
位在高山郊外森林裡的工房▶

崇尚自然的木匠工房

將無垢木材魅力發揮極致且重視天然木工的飛驒家具工房。工房不大但很自由，可配合客人喜好製作產品。高山市中心也有「家具工房 雉子舍Gallery」（☎0577-34-5674 MAP P81D2／附錄B2）。

☎0577-78-4030 住高山市丹生川町大董1430-2 ⏰9～17時 休第2・4週六、日、假日 交JR高山站計程車20分 P3輛 MAP附錄背面D4
※參觀工房需事先預約

▲為了增加強度將接合片嵌入，乃非常精細的工作

4 打磨、加工

接下來的作業是在加工廠進行。把在3做好的家具零件表面及斷面做打磨處理。所有需要手工作業的部分都在此進行，例如木材刨平或為了增加強度的接合片加工等，之後就是最後階段。

◀進行木材刨平作業

▲開榫的機器。精密度的要求非常嚴格，不容許失敗

凸起的榫稱做"公榫"、卯眼則又稱"母榫"

3 切割正確尺寸、製作榫·卯眼

將木材按照正確尺寸（設計圖尺寸）做截斷。裁好木頭接下來要做的是組裝時所需的榫·卯眼，各種家具的零件在此時也逐漸成形。到此為止都是在工廠區域內作業。

▲做好的榫·卯眼

5 上塗料

最後階段。將家具零件從加工場移至塗裝場上塗料。這次所造訪的「家具工房　雉子舍」在環境考量之下幾乎都是使用護木油塗料，經過多次重複上塗料來呈現不同的光澤度。

▲ 利用拋光來表現絕妙的光澤感

▲塗裝也都是職人親手作業

6 完成！

將乾燥後的零件組合完就大功告成。照片中是兩腳對稱桌。價格視尺寸與木材種類而定。

全世界找不到同樣木紋及風格的家具，可說是獨一無二

這裡也可以訂製！

きたに
キタニ

取得北歐著名家具公司授權生產的手工家具工房。

☎0577-32-3546 住高山市松倉町2115 ⏰10～18時 休無休（工房週日、假日休。週六不定期休）交JR高山站車程車15分 P15輛 MAP P79F4 ※可透過窗戶參觀(不需預約)

もくどうこうぼう
木童工房

國分寺通上有展銷店（MAP P80C3）。

☎0577-68-2322 住高山市清見町牧ヶ洞426 ⏰9～17時 休週六不定期休、週日 交JR高山站車程車20分 P5輛 MAP附錄背面C4 ※參觀工房需事先預約

おーくういれっじ
Oak Village 參照P58

たくみかん
匠館 參照P59

工匠熟練的技術創造出
日常生活也能使用的工藝品

工匠技術得到傳承的高山地區有許多工藝品。
可以將現代師傅充滿技巧及個性的產品帶進日常生活裡。

♣ 小系燒是？
在江戶時代初期開窯的高山最古老燒窯。歷經2次廢窯，在戰後又重新興盛起來。使用的釉藥是顏色深沉穩重的伊羅保釉。

花型咖啡碗 各2700日圓
茶匙 1支324日圓

杯碗各呈現花瓣的意象，是經典的人氣商品
☞ **Ⓐ小系燒窯元**

♣ 飛驒刺子繡是？
從舊布新用的智慧中產生。藍染的棉線材質上點綴圖樣，兼具堅固與防滑的實用性。

書籤 各510日圓、
束口袋 1個1000日圓、
面紙袋 各1000日圓

花樣多彩多姿。所使用的布料及線的顏色也很多種
☞ **Ⓒ本鋪飛驒さしこ**

✿ 飛驒春慶是？
在檜木或橡木等木材重複塗上透明漆而成的。得結合切斷木頭的鋸木師傅與塗上油漆的油漆師之技術才能完成。

布面小盒子
（四角）5150日圓、
（圓）5150日圓

可放一些用日本印花棉布與絲緞等古布做成的小東西。也可當飾品盒
☞ **Ⓑ山田春慶店**

♣ 一位一刀彫是？
用木紋細緻美麗的櫟木做出來的雕刻品。隨著歲月的增長表面顏色越來越深沉，也越來越有光澤。出現於江戶時代末期。

福雀 4500日圓、
貓頭鷹吊飾 2600日圓、
酸醬果吊飾 1400日圓

圓滾滾的福雀是受歡迎的吉祥物
☞ **Ⓓ津田彫刻**

高山三大燒窯之一的
渋草燒也不容錯過

渋草燒始於天保12年（1841）。「渋草燒 窯元芳国舎」創業於江戶末期，這裡製作的是自古以來有"飛驒赤繪"之稱的陶器。

☎0577-34-0504
MAP P81E2／附錄E2

隨著日常使用越有層次變化

飛驒之里周邊
こいとやきかまもと
小系燒窯元 Ⓐ

由父子一起製作的小燒窯店。使用的釉藥叫做青伊羅保，有層次感的鈷藍色為其特色。旁邊的工房開放參觀。

可近距離參觀手拉坯的模樣

☎0577-32-1981 🏠高山市岡本町1-136 🕘9～17時 💤不定休 🚃JR高山站搭猴寶寶巴士10分，在飛驒高山美術館下車即到 🅿10輛 **MAP** P79D3

❶父子倆一起守護著傳統燒窯 ❷馬克杯、盤子、酒杯、花瓶等陳列在架上

堅持使用天然木及手工上漆的春慶

屋台會館周邊
やまだしゅんけいてん
山田春慶店 Ⓑ

昭和46年（1971）創業。不僅堅持傳統，也將現代元素帶進產品風格裡，是一間很有人氣的店。手工上漆做成的春慶很有透明感，木紋線條非常優美。

使用刷毛仔細上漆

☎0577-32-0396 🏠高山市大新町1-111 🕘9時～16時30分（夏季～17時、1～3月～16時）💤不定休 🚃JR高山站步行15分 🅿無 **MAP** P78C2

❶店面位在櫻山八幡宮的表參道上 ❷擁有約400年歷史的傳統工藝品店

手工縫製的樸質感是魅力所在

三町周邊
ほんぽひださしこ
本舗飛驒さしこ Ⓒ

店內琳瑯滿目的作品都是出自當地老奶奶之手。從門簾、工作服到化妝包、杯墊等小東西一應俱全。運氣好的話還能看到現場製作。

運用縫線大小來呈現不同印象

☎0577-34-5345 🏠高山市片原町60 🕘8時30分～17時 💤無休（12月～3月中旬週三休）🚃JR高山站步行10分 🅿無 **MAP** P81D3／附錄D3

❶很受外國觀光客喜愛。上三之町也有分店 ❷有很多刺子繡線和刺子繡組合包

每一刀都是帶著感情雕刻出來的手工木製品

高山陣屋周邊
つだちょうこく
津田彫刻 Ⓓ

創業於天保14年（1843），是高山一帶的老雕刻店。有裝飾品，也有吊飾、胸針等日常生活可使用的商品。店內也能看到製作過程。

根據雕刻部位來決定雕刻刀的種類

☎0577-32-2309 🏠高山市本町1-10 🕘8時30分～19時（冬季～18時）💤不定休 🚃JR高山站步行10分 🅿無 **MAP** P81D3／附錄C5

❶從高山陣屋步行過來只要1分 ❷有許多12生肖和吉祥物圖案的商品

📖 高山三大燒窯除了小系燒和渋草燒，另外就是山田燒。從江戶時代中期開始的山田燒以樸素茶色為主流。

把高山的人氣吉祥物
帶回去當伴手禮

到處可見的「猴寶寶」是高山最具代表性的伴手禮。
有搭配顏色的風水猴寶寶，也有與其他人氣玩偶攜手合作的猴寶寶，種類十分多樣。

自己動手做
猴寶寶

STEP 1

先挑選猴寶寶
的顏色及大小

共有6色、小～特大
4種尺寸（中～特大
只有紅色。需預
約）。圍兜兜
顏色種類豐
富。

猴寶寶是？

經典顏色是紅色！

"さるぼぼ"是飛驒方言「猴子
的嬰兒」之意。因為冬天積雪甚
深小朋友們無法外出遊玩，於是
老奶奶就手工縫製了這個布偶。
到了今天成為可去災（日語的去
與猿發音相同）、結良緣（猿）、
保圓滿（猿）的御守符。猴寶寶沒
有五官表情，據傳是可反映出內
心的鏡子。

STEP 2

在圍兜兜寫上文字或畫圖

這裡可是大顯身手之處。沒有
限制時間，可以慢慢描繪。

STEP 3

將圍兜兜黏在猴寶寶身上

把圍兜兜摺好後，塗上膠水黏
在猴寶寶脖子下方即可，十分
簡單。

STEP 4

穿上和服背心

有2種圖案供挑選。將猴寶
寶的手穿過去即可。

STEP 5

掛上御守符

御守符是猴寶寶的必備
之物。斜掛肩上在脖子
後面綁個結就大功告
成。

完成

可領到一張寫有
日期的修了證

橘色猴寶寶據說
可增加旅遊運氣

高山●高山的人氣吉祥物猴寶寶

聯名款

猴寶寶OK繃凱蒂貓吊飾
530日圓 ②

身穿猴寶寶衣服的凱蒂貓。頭後方的OK繃是焦點

暗殺教室橡膠吊飾飛驒限定（右）・喵咪大戰爭橡膠吊飾飛驒限定
各540日圓 ②

人氣漫畫系列。有多款式

監獄兔吊飾
530日圓 ②

動畫「監獄兔」的主角，穿著囚服的兔子手裡抱著猴寶寶

造型系列

猴寶寶提藍
1入500日圓、2入900日圓 ③

猴寶寶的長度約2.5公分。另有頭巾包得很低的忍者款式

猴寶寶薰香盤
950日圓（皿は別売り） ④

薰香專賣店的獨創猴寶寶。可愛的外表很討喜

絹絲手毬
2顆3890日圓 ⑤

絹絲製的手毬裡吊掛著猴寶寶。另有單顆2160日圓

變身系列

ひだっち
760日圓 ①

當地情報雜誌的宣傳吉祥物。數年前登場，至今人氣不減

うさっちμ
760日圓 ①

ひだっち的兔子版本。另外還有青蛙與獅子

飛驒牛寶寶大使
大2700日圓 ⑤

變身為高山的美食王。豪華的金黃色會讓財運好轉?!

在這裡可以買到!

三町
はねや
羽根や ②
☎0577-32-2552 🏠高山市上三之町67 🕘8時30分～17時30分（冬季9～17時）🈺無休（12～1月週四休）🚃JR高山站步行10分 🅿無 🗺P81D2／附錄D2

三町
しゅんじゅう
春秋 ③
☎0577-34-0736 🏠高山市上三之町33 🕘9時30分～17時30分（12～3月為16時30分）🈺週四（逢假日則營業）🚃JR高山站步行10分 🅿無 🗺P81D3／附錄D3

三町
こうほ のとや
香舖能登屋 ④
DATA ☞P33

三町
いずみや
泉屋 ⑤
☎0577-34-2435 🏠高山市下三之町39-3 🕘6～15時（11～3月為8時～）🈺無休（1～2月不定休）🚃JR高山站步行15分 🅿無 🗺P81D1

📖 在「飛驒高山回憶體驗館（☞P71）」也能體驗製作猴寶寶。

到處都是溫馨的製品
買些Made in高山的雜貨當伴手禮

很多工藝品除了保有飛驒‧高山的傳統，也加進現代風格的元素。
每件都是當地工匠精心製作的，很適合買來當旅遊的伴手禮。

❶ 書衣各2052日圓，
是經典熱銷品 ❷ 手染
圍巾是舒適的棉質料
2160日圓

手染布獨有的
柔和觸感是魅力所在

這個也想帶回去

雙面包袱布巾1塊
1620日圓、也能用
來別圍巾的胸針1個
500日圓

飛驒之里周邊
さぼう・わざっか まつくらさんそう

茶房‧和雜貨 松倉山莊

以麻和棉為主，使用不傷害環境與人
體的環保染料製作染布，是很有人氣
的雜貨店。古民宅風格的店裡陳列著
許多手染小物，以及配合季節挑選不
同布料製作的圍巾等服飾類商品，光
是進來逛逛都很享受。

☎0577-32-0764 🏠高山市西之一色町
3-933-26 🕙10～16時 休週四（12月中
旬～3月中旬休息）🚃JR高山站計程車8分
🅿10輛 MAP P79D3

中屋裕子さん
なかやゆうこ
高山的染布作
家。也擅長利
用古布改製成
日式雜貨

店內是古民宅風
格。裡頭有中庭

飛驒之里周邊
こち

kochi

販賣岐阜縣內包括高山約20位作
家的創意作品。有老闆手工製作
的木製品、陶磁器、布製品、玻
璃製品等，從日用雜貨到嬰兒用
品都有，可愛的商品令人目不轉
睛。

☎0577-35-5176 🏠高山市西之一色町
3-313-7 🕙10～18時（冬季為12時～）
休週四、第3週日 🚃JR高山站計程車10
分 🅿3輛 MAP P79D4

店內的陳列櫃也多
半使用木製品

東 和利さん
あずまかずとし
木工業興盛的飛
驒木工作家。配
合作品連工具都
是手工製

相當有趣的木製雜貨
充滿溫馨感

這個也想帶回去

兒童馬克杯1
個3240日
圓。高山的作
家‧沖澤真紀
子的單一作品

❶BAR釘書機2700日圓 ❷Wedge膠帶台4860日圓
❸moon一輪插花瓶1944日圓

挑選雜貨的同時可以休憩一下

「茶房・和雜貨 松倉山莊」有附設咖啡廳。田舍善哉700日圓（附飲料）等。除冬季以外店裡另有中庭座位（照片）。

帶有獨特魅力
微妙的歪斜形狀

❶

❸

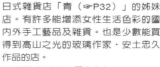

這個也想帶回去

色彩鮮豔的羊毛編織胸花（左）900日圓、（上・右）950日圓

❷

❶玻璃糖罐8400日圓
❷藍色杯子3150日圓
❸杯子3675日圓
以上皆為安土忠久作品

安土忠久さん
あづちただひさ

吹玻璃作家，在高山市內有工房。在世界上的評價很高

店內很華麗。位在國道158號上

三町

あきつや
蜻蛉舍

日式雜貨店「青（☞P32）」的姊妹店。有許多能增添女性生活色彩的國內外手工藝品及雜貨。也是少數能買得到高山之光的玻璃作家・安土忠久作品的店。

☎0577-34-5053 🏠高山市上一之町53-2
🕙10時30分〜18時 🚫週二 🚉JR高山站步行15分 🅿1輛 **MAP**P81E2／附錄F1

坂本和江さん
さかもとかずえ
手工作品很多。對古布造詣很深，操著一口聽起來很舒服的飛驒腔

三町

ふらり
布ら里

利用江戶時代〜昭和初期的古布製成布偶、小飾品等，是一間人氣店。用錦紗縮綿布做的古早味和風作品都是單一樣手工做成的，一定能挑選到自己中意的商品。

☎0577-32-1980 🏠高山市上三之町82 🕙10〜17時（冬季〜16時30分）🚫不定休 🚉JR高山站步行10分 🅿無
MAPP81D3／附錄D3

店內陳列著各種大小商品

這個也想帶回去

用華麗的縮綿布綁成繩狀製作的手鍊1個1050日圓

❶

穿著古老織品的
可愛布偶

❷

❶吉祥物小木屐吊飾 各1080日圓 ❷可愛的和服布偶 各3780日圓

高山的玻璃作家・安土忠久的玻璃作品被稱為「へちかんだグラス（飛驒方言「歪斜的玻璃杯」之意）」，廣受大眾喜愛。

非常受到歡迎的
高山送禮最佳甜點

用飛驒食材做成的布丁及老店的甜饅頭、淳樸的零食等，
在此介紹一些最適合買來送朋友與同事的高山絕品甜點。

入口即化
口感獨特的蕨餅

さわらび
早蕨 1盒490日圓
剛剛好的彈牙口感，一下
子就滑進嘴裡，讓人吃了
欲罷不能。黃豆粉和黑蜜
都是自製的

和風蛋糕捲
1條1550日圓、半條800
日圓、1塊270日圓
使用抹茶和栗子、黑糖
等和風材料與季節水果
做成的。口味隨季節做
變化（抹茶蛋糕捲一整
年都有）

和菓子師傅的
創意蛋糕捲

宿儺南瓜的三顆星布丁
1個350日圓（1天限量200個）
用傳統蔬菜宿儺南瓜做成的自然
甜味與濃厚口感，入口即化是其
魅力。

當地食材製成的布丁，
佐以濃郁的黑蜜醬

季節口味的蛋糕捲

三町

さいか ななくさ
彩菓 なな草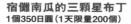

創業有100年歷史的日式甜點店
「稻豐園」的分店。店內有許多
使用日式甜點與季節食材做成
的日式蛋糕捲。海綿層蓬鬆又濕
潤的蛋糕捲在當地很有人氣。
☎0577-36-7793 🏠高山市上二之
町64 🕘9～17時 🈲週二（逢假日則
營業）🚃JR高山站步行10分 🅿無
MAP P81E2／附錄E2

高山唯一的蕨餅專賣店

三町

いわき
いわき ②

創業以來，以秘傳的方法專注
在製作「早蕨」的蕨餅店。也
有季節限定的口味，如春天的
櫻花吹雪、初夏的藍莓、夏天
的煎茶、冬天的紅豆等。
☎0577-34-1113 🏠高山市上三之
町111-2 🕘9～17時（售完即打烊）
🈲不定休 🚃JR高山站步行10分 🅿
無 MAP P81E4／附錄E5

販售宿儺南瓜的三星級布丁

三町周邊

る・みでぃ ぷりんせんもんてん
LE MIDI 布丁專門店 ③

用高山傳統蔬菜宿儺南瓜與飛驒鮮奶、雞
蛋做成的。布丁內含有鹽胡椒調味的南瓜
泥，與布丁搭配出不同層次的口感。
☎0557-57-8686 🏠高山市本町2-3 🕘10～15
時（週六・日為～17時。售完即打烊）🈲無休
🚃JR高山站步行10分 🅿無 MAP P81D3／附錄
C4

品嘗現做的甜點

「笹や休庵」有附設茶房。生菓子與抹茶（冰或熱）套餐650日圓或葛切750日圓等皆手工製作。來這裡欣賞隨四季變化的中庭景色順便歇息一下吧。

外觀超可愛的棒棒糖組

ねぶり子 8支648日圓
販賣的是江戶時代曾在攤販銷售的造型糖果。「ねぶる」在飛驒方言裡是「舔」之意

5個甜饅頭的內餡都不一樣

五色饅頭
10個1240日圓
一盒裡頭有艾草、紫蘇葉、蕎麥、味噌、燒栗等5種口味。內餡也分成豆沙餡及白豆餡多種

以四季風景為主題色彩鮮豔的和菓子

生菓子 1個151日圓～
以四季的特色為主題，如春天為黃鶯、夏天是繡球花或螢火蟲等。每天都有20種以上

有很多令人懷念的零食

三町

ゆめつばき おとわや

夢椿 OTOWAYA 四

創業約75年的甜點「飛驒菓子匠音羽屋」的分店。由倉庫改裝的店裡隨時都有60種以上的零食。知名的是用麵粉做成的半生菓子、飛驒のかたりべ12個864日圓。

☎0577-35-1232 住高山市上三之町67 ⏰10時～16時30分 休無休（12～3月週四休）交JR高山站步行10分 P無 MAP P81D2／附錄D2

從江戶時代至今的知名老店

三町

とらやせいこうえん

とらや清香園 五

創於天保元年（1830）的老店，很受到當地人的喜愛。艾草風味濃厚的草饅頭1個150日圓。饅頭皮裡加了山芋，因此口感很Q彈。

☎0577-32-0050 住高山市上二之町75 ⏰8時30分～18時 休不定休 交JR高山站步行10分 P無 MAP P81E3／附錄E3

種類豐富的手工和菓子

三町

ささやきゅうあん

笹や休庵 六

玻璃櫃裡滿滿都是有60年職人經歷的店長所做的日式甜點。除了有生菓子，1個40～80日圓的干菓子也有50～70種供選擇。精緻又漂亮的甜點光看都很愉悅。

☎0577-34-0739 住高山市下一之町65-1 ⏰10時30分～18時30分 休週一（逢假日則營業）、第3週日 交JR高山站步行12分 P無 MAP P81E2

 「いわき」的早蕨訂單來自全日本各地，是熱賣商品。接受電話及FAX訂購。

不妨到這裡走走！

高山的推薦景點

📷 城山公園
しろやまこうえん

賞櫻＆賞楓的著名景點之一

在元祿5年（1692）年之前，高山城原是金森長近所居住的地方，這裡就是在原高山城遺址建造的公園。園內有江戶時代的壕溝和石垣等遺跡，以及高山城城主·金森長近的石像等。位在標高687m視野很好的山丘上，是著名的賞櫻和賞楓景點。**DATA** ☎0577-32-3333（高山市觀光課）🏠高山市城山町 ☑🕐休自由參觀 🚉JR高山站步行20分 🅿20輛 **MAP** P81F4

📷 中橋
なかばし

朱紅色的高山地標

橫跨宮川的朱紅色橋樑，長約35.4公尺。觀光照片常見春季高山祭的神輿通過這座橋樑的景色，是著名景點。橋樑的附近種滿櫻花和柳樹，隨著四季變化可以欣賞到不同風景。賞櫻季在4月中～下旬左右。**DATA** ☎0577-32-3333（高山市觀光課）🏠高山市本町1と上三之町を結ぶ ☑🕐休自由參觀 🚉JR高山站步行10分 🅿無 **MAP** P81D4／附錄D5

📷 飛驒高山城鎮的博物館
ひだたかやままちのはくぶつかん

介紹許多高山的歷史與文化

利用江戶時代的富商倉庫改建而成的博物館。可以得知高山小鎮的歷史之一，以及民宅建築的特色、飛驒工匠歷史等。此外也展示不少在木材上透明漆做成的飛驒春慶，以及燒陶、18世紀的機關人偶等琳瑯滿目。**DATA** ☎0577-32-1205 🏠高山市上一之町75 💴免費 🕐7～21時（展示室9～19時）休無休（有臨時休館）🚉JR高山站步行15分 🅿無 **MAP** P81E3／附錄F3

📷 飛驒高山獅子會館 機關人偶博物館
ひだたかやまししかいかんからくりみゅーじあむ

現場欣賞機關人偶的特技表演

全日本唯一一處表演在高山祭孕育出來的機關人偶特技。一共有5種機關人偶現場表演，如惠比壽福神揮毫寫字的「文字機關人偶」及「江戶時代座敷機關人偶」等。**DATA** ☎0577-32-0881 🏠高山市桜町53-1 💴門票600日圓 🕐9時5分～16時25分 休不定休、冬季休館 🚉JR高山站步行20分 🅿7輛 **MAP** P81E1

📷 藤井美術民藝館
ふじいびじゅつみんげいかん

收藏安土桃山時代以後的骨董美術品

展出由高山市的醫生·藤井糺一從大正時代開始蒐集的美術工藝品共2500件。如江戶時代的享保雛人形與橫山大觀之作品掛軸、古伊萬里等。純檜木打造的建築物大門乃仿高山城二之丸的登城門而來。**DATA** ☎0577-35-3778 🏠高山市上三之町69 💴門票700日圓 🕐9～17時 休無休（冬季不定休）🚉JR高山站步行10分 🅿無 **MAP** P81D2／附錄D2

📷 飛驒高山祭之森
ひだたかやままつりのもり

欣賞燦爛的屋台花車

高山祭的象徵，神輿。這裡展示著6座由平成的師傅們集結了技術，睽違150年新打造的「平成屋台」。有一座在一整根樹木挖空製成的太鼓當中號稱世界第一大的太鼓，千萬不要錯過。也有機關人偶表演。**DATA** ☎0577-37-1000 🏠高山市千島町1111 💴門票1000日圓 🕐9～17時 休無休 🚉JR高山站計程車12分 🅿500輛 **MAP** P79F3

📷 飛驒高山美術館
ひだたかやまびじゅつかん

優美的新藝術風格世界

以新藝術風格為主的裝飾美術館。館藏玻璃工藝大師René Lalique與Émile Gallé的工藝作品、以及裝飾家具等約1000件，平常約展出250件。附設銷售店與咖啡廳。**DATA** ☎0577-35-3535 🏠高山市上岡本町1-124-1 💴門票1300日圓 🕐9～17時（入館～16時30分）休無休（1月中旬～3月中旬不定休）🚉JR高山站計程車10分 🅿120輛 **MAP** P79D3

📷 飛驒高山泰迪熊 環保村
ひだたかやまてでぃべあえこびれっじ

來自世界各地的泰迪熊齊聚一堂

在有170年歷史的合掌造家屋中展示著1000隻泰迪熊。其中甚至有約100年前製作的珍貴泰迪熊。附設咖啡廳和商店。**DATA** ☎0577-37-2525 🏠高山市西之一色町3-829-4 💴門票600日圓 🕐10～18時（1·2月～16時、會有變動）休1月中旬～3月中旬的週四 🚉JR高山站步行10分 🅿無 **MAP** P79D4

🌲 飛驒國分寺
ひだこくぶんじ

以大銀杏樹聞名的歷史寺院

這裡是奈良時代在全日本建造的國分寺其中之一，據傳創建在天平18年（746）前後。藥師如來本尊坐像被列為國家重要文化財。飛驒地方唯一的三重塔是在江戶時代建造的。寺院內的大銀杏樹樹齡推斷有1200年，也是國家的天然紀念物。**DATA** ☎0577-32-1395 🏠高山市総和町1-83 ☑🕐休境內自由參觀（本堂參拜300日圓）🚉JR高山站步行5分 🅿10輛 **MAP** P80C2

♪♪ 夢工場飛驒
ゆめこうじょうひだ

可以自己烤仙貝的觀光景點

可體驗烤仙貝的店。8片烤仙貝體驗400日圓（20分）仙貝有醬油、鹽味、心型等，口味跟形狀各式各樣。烤得好的話會膨脹至4倍大。也十分適合買來當伴手禮。**DATA** ☎0577-32-2814 **住**高山市桜町52 **⏰**9～17時(會有變動) **休**無休(會有臨時休息) **交**JR高山站步行20分 **P**10輛 **MAP**P81E1

♪♪ 飛驒高山回憶體驗館
ひだたかやまおもいでたいけんかん

可以體驗製作猴寶寶

在民藝・玻璃・環保3個區域可以親手體驗猴寶寶與玻璃等15種以上項目製作，不需預約。價格各不相同，如製作猴寶寶1個為1500日圓。**DATA** ☎0577-34-4711 (回憶體驗館&飛驒之里) **住**高山市上岡本町1-436 **⏰**10～16時 **休**週四 **交**飛驒之里巴士站下車即到 **P**飛驒之里停車場 **MAP**P79D4

🍜 富士屋 花筏
ふじや はないかだ

在擺放飛驒家具的咖啡廳裡小憩一番

將有100年歷史的古民宅改裝而成的咖啡廳。時髦店內使用的是飛驒家具，可品嘗到充滿日式風情的美味甜點，如白玉善哉720日圓、奶油紅豆蛋糕780日圓、日式甜點與抹茶套餐700日圓。日式甜點如季節性的上等生菓子6個1580日圓等。**DATA** ☎0577-36-0339 **住**高山市花川町46 **⏰**10～18時(12～3月～17時) **休**週四 **交**JR高山站步行5分 **P**3輛 **MAP**P80C3

🍜 松喜すし
まつきすし

醉心在新鮮海產與飛驒美食中

可吃到每天從富山或金澤、名古屋等地直送的新鮮海產。主廚握壽司套賣12個3564日圓。另外也提供飛驒牛握壽司與飛驒牛排2052日圓～。推薦坐吧檯椅可跟廚師聊天。**DATA** ☎0577-34-4766 **住**高山市總和町1-40 **⏰**11時30分～14時、17時30分～22時30分 **休**不定休 **交**JR高山站步行8分 **P**16輛 **MAP**P80C2

🛍 飛驒地酒蔵本店
ひだじざけぐらほんてん

店內的飛驒特產酒琳瑯滿目

飛驒的特產酒專賣店。從純米大吟釀到日式利口酒，所販賣的飛驒特產酒種類五花八門達700種以上。可宅配到全日本各地。在世界競賽中得過獎的在地啤酒、飛驒高山麥酒500ml730日圓特別受到好評。**DATA** ☎0577-36-8350 **住**高山市上三之町48 **⏰**8時30分～17時30分 **休**無休 **交**JR高山站步行10分 **P**無 **MAP**P81D2／附錄D2

🛍 醸造元 角一 上三之町 分店
じょうぞうもと かくいち かみさんのまちしてん

味噌、醬油很美味

傳承120年歷史與最質的日下部味噌醬油釀造直營店。用木桶熟成的味噌賣來當伴手禮很有人氣，其中又以朴葉味噌360g648日圓最能在自家簡單煮出飛驒的傳統美味。**DATA** ☎0577-36-0122 **住**高山市上三之町7 **⏰**8～17時(冬季為8時30分～) **休**無休(1月不定休) **交**JR高山站步行10分 **P**無 **MAP**P81D3／附錄D5

🛍 原田酒造場
はらだしゅぞうじょう

老酒窖的特產酒起司蛋糕

從江戶時代創業至今的老酒窖之一，以名酒「山車」聞名。特產酒以外的人氣伴手禮有濃厚的奶油起司，以及帶有特產酒風味的山車元祖特產酒起司蛋糕棒5個830日圓、特產酒果凍3個1030日圓。**DATA** ☎0577-32-0120 **住**高山市上三之町10 **⏰**5～18時(11～3月～17時30分) **休**無休 **交**JR高山站步行10分 **P**無 **MAP**P81D3／附錄D5

🛍 飛驒小町
ひだこまち

只有飛驒才有的沙拉醬與果醬

色彩鮮豔的調味料和甜點滿滿地陳列在狹窄的店裡。人氣的有蕃茄、紅蕪菁、飛驒蔥、紫蘇籽等共7種沙拉醬，各120ml530日圓，以及口味特殊的果醬。店裡也有販賣飛驒牛肉舖480日圓。**DATA** ☎0577-32-0318 **住**高山市上三之町47 **⏰**9時30分～17時(冬季會有變動) **休**不定休 **交**JR高山站步行10分 **P**無 **MAP**P81D2／附錄D2

🛍 TRAIN BLEU
とらん ぶるー

曾在世界麵包大賽獲獎的麵包店

發揮小麥原有甜味及香氣的自家製麵包。從經典麵包到熟食麵包約100種供挑選。不經油炸烤成的飛驒牛咖哩麵包250日圓，低卡洛里且料多實在。自家製咖哩使用了約10種香辛料。**DATA** ☎0577-33-3989 **住**高山市西之一色町1-73-5 **⏰**9時30分～18時30分 **休**週三(另有不定休) **交**JR高山站計程車7分 **P**10輛 **MAP**P79D2

📖 「飛驒地酒蔵本店」有販賣用飛驒伏流水做成的甘酒500ml1443日圓。甘酒加了生薑與柚子也不錯。

下榻城下町・高山
就在舒適的優質旅館好好享受

在高山過夜，一定要好好感受日本風情與季節變化。
到充滿風味的旅館暖和身心，為旅途增添美好的回憶吧。

高山郊外
にほんのやど ひだたかやまわのさと
日本の宿
ひだ高山倭乃里

被宮川的清流及樹林環繞，佔地約1
萬5000坪但只有8間客房的奢華旅
館。館內處處都能眺望四季變化的
自然美景，4間獨棟的客房更是能感
受另一層次的美。

☎0577-53-2321 ⊞高山市一之宮町
1682 ✕JR高山站計程車20分(有接送服
務，需預約 P10輛 客8間 ●1991年11月
開業 ●無露天浴池、無包租浴池 **MAP**
附錄背面D5

> **CHECK**
> ÷1泊2食費用÷
> 平日・假日前日皆為
> 32400日圓～
> ÷時間÷
> ●IN15時、OUT11時

下榻重點

**晚餐過後的
「竹筒酒」**
晚餐過後可在本
館的地爐處品嘗
溫熱過後的「竹
筒酒」。

在燒著爐火的地爐旁度過寧靜的時光

1 本館大廳的地爐間。地爐一整年都生著火 2 樹林環繞的本
館。另外還有4間獨棟客房 3 晚餐是山菜料理，隨季節變化發揮食
材特色（照片為範例）

☾ 入住步驟

玄關
穿過大門，延著小
徑直走50m就可抵
達本館。

登記入住
前往位在本館有地
爐的大廳櫃檯。

進房
客房的特色是大窗
戶。照片為本館2F
的「飛驒之間」。

悠閒泡湯
有檜木浴池與岩石
浴池，早晚男女互
換。

令人期待的晚餐
用餐地方共有三
處，照片是「天之
川」。

高山站周邊

りょかんあすなろ

旅館ASUNARO

將越後的富農宅邸移建改裝而成的日式旅館。玄關處的挑高天井與裸露樑柱在在令人驚艷。除了地爐間，18間客房中有5間附有地爐，可讓身心徹底得到舒放。

☎0577-33-5551 住高山市初田町2-96-2
交JR高山站步行5分 P15輛 室18間
●1973年開業 ●無露天浴池、無包租浴池 MAP P80B2

在保有江戶時代末期的木造風格空間療癒身心

CHECK
÷1泊2食費用÷
平日12960日圓～
假日前日15120日圓～
÷時間÷
IN15時、OUT10時

1 大廳地爐間飄著古木的香氣
2 離高山站很近十分方便
3 晚餐之一。可品嘗飛驒牛之陶板燒

下榻重點

可選擇浴衣
提供許多色彩亮麗的浴衣出租。1套500日圓。

下榻於登錄為國家有形文化財的古老旅館

1 從2樓邊間「竹の間」眺望庭園
2 春天綻放杜鵑花、秋天有楓葉等可欣賞到不同景觀的庭園
3 2012年被登錄為文化財

高山站周邊

ゆうけいぶんかざいのやど りょかんかみなか

有形文化財の宿 旅館かみなか

明治時代中期建造的房子，是高山市內唯一被登錄為國家有形文化財的旅館。距離飛驒國分寺（☞P70）很近，有著傳統的木造建築與美麗的庭園，來到這兒可沉浸在和風氛圍中。

☎0577-32-0451
住高山市花岡町1-5 交JR高山站步行3分
P10輛 室10間
●1958年開業
●無露天浴池、有包租浴池（需預約）
MAP P80B2

CHECK
÷1泊附早餐費用÷
7560日圓～
÷時間÷
IN16時、OUT10時

下榻重點

客房門入口處的裝飾
每間客房入口處的裝飾都是飛驒匠師們打造的藝術品。

在「日本の宿 ひだ高山倭乃里」，旅客一抵達旅館，服務生會立即奉上大福麻糬和櫻花麻糬等季節性甜點招待。

可以渡過奢華的時光
十分貼心的旅館

結束愉快的高山旅遊後，來到時髦的旅館盡情舒放身心。
以下精選出提供貼心的設施與服務而廣受好評的旅館。

高山陣屋周邊

ほんじんひらのや かちょうあん
本陣平野屋 花兆庵

位在距離高山陣屋（☞P34）與老街步行只要1分的絕佳地點。除了純日式的普通客房外，另有附半露天浴池及私人SPA等5種大套房房型。晚餐可品嘗飛驒牛和日本海海產等豐盛的料理。

☎0577-34-1234 ⬛高山市本町1-34
🚉JR高山站步行7分 🅿50輛 🛏28間 ●1993年開業 ●有露天浴池、無包租浴池
MAPP81D3／附錄C5

晚餐在料亭包廂內，可品嘗每個月更換的美味會席料理

◆1泊2食費用◆
平日23760日圓～
假日前日27000日圓～
◆時間◆
IN14時、OUT10時

＊貼心設施＊

りらっくす蔵
將倉庫改建而成的女性專用泡湯間。除了泡湯也提供美容服務（收費、建議事前預約）。

1 晚餐約有10道菜色 2 大套房之一的「輝の間」 3 待客甜點是館方獨創的「あねさもち」

飛驒高山祭之森周邊

ほてるあそしあ たかやまりぞーと
HOTEL ASSOCIA TAKAYAMA RESORT

位在高地，以所有的客房及露天浴池都能眺望北阿爾卑斯山而引以為豪的飯店。大浴場採每天男女輪流制。提供岩石浴池、檜木浴池、木桶浴池等各式各樣浴池。客房分為洋式、和式、和洋式等3種。

☎0577-36-0001 ⬛高山市越後町1134
🚉JR高山站計程車10分 🅿200輛 🛏290間
●1994年7月開業 ●有露天浴池、無包租浴池 **MAP**P79E3

可從大浴場的露天浴池欣賞北阿爾卑斯山

◆1泊2食費用◆
平日14850日圓～
假日前日18850日圓～
◆時間◆
IN15時、OUT12時

＊貼心設施＊

スパフィトン
綠景環繞的護膚空間。護臉60分16000日圓～（需預約）、週二休。

1 7樓「天の湯」的岩石浴池 2 「日本料理 華饗」的京都風懷石料理 3 洋式雙床房是基本房型

🈂 流動式溫泉 🍽 房內用餐 💆 有美容設施 🚭 有禁菸房 ♨ 有大浴場 🧍 單人入住OK 💻 有網路

高山桜庵

高山站周邊

たかやまおうあん

以「日式都會飯店」為概念的飯店，木樑大廳與榻榻米客房等處皆展現出日式風格。位在頂樓13F的大浴場露天浴池景色美不盛收。3個包租露天浴池皆可免費使用。

☎0577-37-2230 住高山市花里町4-126 交JR高山站步行3分 P76輛（1晚800日圓）室167間 ●2009年開業 ●有露天浴池、包租浴池 MAP P80B4

可將高山街景盡收眼底
頂樓的景觀露天浴池

❶大浴場的露天浴池 ❷床型除了標準雙人床外，也有國王尺寸大床

＊貼心設施＊

自助式早餐吧
含甜點共有68道，菜色之多是飯店自豪之處。晚餐需預約。

✛1泊2食費用✛
平日14000日圓～
假日前日17000日圓～
✛時間✛
IN15時、OUT10時

宝生閣

城山公園周邊

ほうしょうかく

客房與浴池皆可遠眺高山街景。11間有附露天浴池的客房分為和室與洋室2種。晚餐是飛驒牛與淡水魚等善用當地食材做成的會席料理。美容設施得事前預約，禁煙房型需直接洽詢。

☎0577-34-0700 住高山市馬場町1-88 交JR高山站計程車5分 P40輛 室61間 ●1999年4月改裝 ●有露天浴池、無包租浴池 MAP P81E4／附錄G6

壯觀的樑柱玄關
來自飛驒古民宅印象

❶樑與柱組成的挑高空間瀰漫著一股飛驒氣息 ❷附露天浴池的和洋室

＊貼心設施＊

織姬
女性專用舒放空間。有露天浴池與星象儀浴池。

✛1泊2食費用✛
平日13800日圓～
假日前日15900日圓～
✛時間✛
IN15時、OUT10時

花扇別邸 Iiyama

高山郊外

はなおうぎべってい いいやま

大廳與客房使用大量古老櫸木，是一間純櫸木打造的沉穩旅館。地爐的大廳以及錦鯉優游的日本庭園醞釀出典雅氣氛。廣受好評的是可在包廂內享用飛驒牛、淡水魚、季節菜的會席料理。

☎0577-37-1616 住高山市本母町262-2 交JR高山站計程車8分 P15輛 室17間 ●2006年部分改建 ●有露天浴池、包租浴池 MAP P78A3

每間客房各有風味，
皆能舒放身心

❶包括閣樓房共5種房型 ❷晚餐一共12道。菜色隨季節變化有所不同

＊貼心設施＊

神代之湯
旅館引以為豪的自家源泉。有如乳液般的滑潤湯質為其特徵，可讓肌膚光滑細緻。

✛1泊2食費用✛
平日20475日圓～
假日前日22575日圓～
✛時間✛
IN15時、OUT10時

📖 從前高山市區並沒有溫泉，現在挖掘出7處源泉，共有30間旅館提供溫泉泡湯。

方便又舒適的
高山飯店＆旅館

高山站周邊與市區有許多
值得推薦的飯店和旅館。無論住
哪裡要去觀光都非常方便。

三町周邊

たかやまぱーくしてぃほてる

高山公園城市酒店

位在山丘上的小飯店

位在可俯瞰高山市區的山丘上，充
滿溫馨家庭味的飯店。用餐處採挑
高空間設計，在此品嘗以飛驒牛為
主菜的料理，飛驒牛有洋式或日式
口味可選擇。24小時開放的大浴池也很吸引人。到三町觀光
只需步行3分。 **DATA** ☎0577-33-5020 **住**高山市神明町
3-43-1 **¥**1泊2食10800日圓～ **IN**15時、**OUT**10時 **交**JR
高山站步行15分 **P**10輛 **室**9間 ●1992年4月開業 ●無露天
浴池、無包租浴池 **MAP**P81E4

高山站周邊

すぱほてるあるぴな ひだたかやま

SPA HOTEL ALPINA
飛驒高山

在自家源泉的景觀浴池泡湯

客房有寬140cm的單人房、雙床
房、雙人房等7種房型。大廳裡有擺
放電腦供房客上網搜尋附近餐廳資
訊，可以下載一些適用於市內餐廳的房客限定折扣券。
DATA ☎0577-33-0033 **住**高山市名田町5-41 **¥**單人房
7600日圓～、雙床房13600日圓～ **IN**15時、**OUT**12時
交JR高山站步行3分 **P**90輛（1晚500日圓） **室**119間 ●2009
年3月開業 ●有露天浴池、無包租浴池 **MAP**P80C3

高山市區

るーといんぐらんていあひだたかやま

ROUTE-INN 格蘭蒂亞飛驒高山

位在高地可俯瞰市區的飯店

從餐廳和大浴池皆可看到市區街
景，晚上夜景很美。位在離高山站
有些距離的幽靜高地上，可以享受
度過幽靜的時間。自助式早餐很美
味也深受好評。**DATA** ☎0577-32-0100 **住**高山市千島町
1070-1 **¥**單人房5800日圓～、雙床房11100日圓～ **IN**15
時、**OUT**11時 **交**JR高山站計程車10分 **有**有接送服務（定時發
車） **P**103輛 **室**140間 ●2001年4月開業 ●無露天浴池、無
包租浴池 **MAP**P79E3

高山站周邊

ひだほてるぷらざ

Hida Hotel Plaza

可望見北阿爾卑斯山脈的大浴場

飯店有兩處引以自豪的大浴場，一
處是景觀優美的天望大浴場，另一
處是洗澡處採用榻榻米鋪設的和風
大浴場。一部分客房使用的是飛驒
家具，東館則另外有房型使用的是非常舒眠的席夢思品牌
床。**DATA** ☎0577-33-4600 **住**高山市花岡町2-60 **¥**單人
房、雙床房皆為13110日圓～ **IN**15時、**OUT**11時 **交**JR高
山站步行5分 **P**100輛 **室**225間 ●2010年4月改裝 ●有露天
浴池、無包租浴池 **MAP**P80B2

高山站周邊

おやどことのゆめ

おやど古都の夢

完全掌握女性心理的日式時尚旅館

以古民宅為藍圖，加進日式時尚元
素所打造出來的品味高雅空間，很
有人氣。提供免費鮮豔浴衣出租及
精油等多項女性喜愛的服務。除了
大浴場，另有包租浴池40分2200日圓。**DATA** ☎0577-32-
0427 **住**高山市花里町6-11 **¥**1泊2食14040日圓～ **IN**15
時、**OUT**10時 **交**JR高山站步行2分 **P**14輛 **室**23間 ●2002
年4月改裝 ●有露天浴池、有包租浴池 **MAP**P80B3

高山站周邊

たかやまぐりーんほてる

高山グリーンホテル

提供多樣的浴池及各種絕品料理

擁有天然溫泉與日本庭園的日式度
假飯店。可感受四季變化的庭園浴
池與檜木造型的桶狀按摩浴池都很
有人氣。晚餐有懷石料理、歐風創
作料理，也有西式日式合併的自助餐、中華料理等可選擇。
附設伴手禮店，有很多飛驒地方特產品。**DATA** ☎0577-33-
5500 **住**高山市西之一色町2-180 **¥**1泊2食11880日圓～
IN15時、**OUT**10時 **交**JR高山站步行8分 **P**200輛 **室**207間
●2008年4月改裝 ●有露天浴池、有包租浴池 **MAP**P80A4

高山站周邊

ほたかそう やまのいおり

穗高荘 山の庵

在純日式風格旅館品嘗絕品美食

位在飛驒國分寺（☞P70）附近，帶
有古都高山風情的純日式旅館。大
廳有設置地爐間。最自豪的晚餐是
使用130g A5等級飛驒牛做出來的1
人份飛驒牛御膳，很受歡迎。早餐除了有朴葉味噌，也有提
供田舍味噌湯喝到飽的套餐。**DATA** ☎0577-34-2272 **住**高
山市初田町1-58 **¥**1泊2食9950日圓～ **IN**15時、**OUT**10
時 **交**JR高山站步行5分 **P**20輛 **室**19間 ●1993年改裝 ●無
露天浴池、無包租浴池 **MAP**P80B2

流動式溫泉 房內用餐 有美容設施 有禁菸房 有大浴場 單人入住OK 有網路

民宿桑谷屋

高山站周邊
みんしゅくくわたにや

大正末期創業的老民宿

位於JR高山站附近的好地點，加上只有民宿才有的低價位與家庭式氛圍的老店。除了和式房型，也有附淋浴、廁所的洋式房型。餐點以飛驒牛為主，搭配當地食材的御饌。有免費租借自行車的服務。可在飛驒高山溫泉之旅療癒身心。 DATA ☎0577-32-5021 ●高山市総和町1-50-30 ●1泊2食7000日圓～（稅另計）、純住宿4000日圓～（稅另計） ●IN14時、OUT10時 ●JR高山站步行5分 ●10輛 ●9間 ●大正末期開業 ●無露天浴池、無包租浴池 MAP P80C2

御宿井口

屋台會館周邊
おやどいぐち

在宮川畔享用當季的鄉土料理

位在橫跨宮川的不動橋前，距離宮川朝市（☞P39）只需步行5分。錦鯉優游的庭池風情、以及飛驒牛和朴葉味噌等鄉土料理都是旅館的特色。雖然是只有10間客房的小旅館，但細心的服務和接待讓人身心都暖了起來。 DATA ☎0577-34-0345 ●高山市大新町3-15 ●1泊2食8000日圓～ ●IN15時、OUT10時 ●JR高山站計程車5分 ●有接送服務（需預約） ●10輛 ●10間 ●2004年4月改裝 ●無露天浴池、無包租浴池 MAP P78C2

旅館 清龍

高山站周邊
りょかん せいりゅう

在客房大啖飛驒牛

可在客房好好地享用最高級飛驒牛的專門旅館。飛驒牛奢華全餐提供5種के牛排、涮涮鍋等烹調方式菜品嚐飛驒牛。可使用姊妹館「スパホテルアルピナ飛驒高山（☞P76）」的大浴場。 DATA ☎0577-32-0448 ●高山市花川町6 ●1泊2食16740日圓～ ●IN15時、OUT10時 ●JR高山站步行7分 ●9輛 ●24間 ●2012年2月改裝 ●無露天浴池、無包租浴池 MAP P80C3／附錄A3

飛驒亭花扇

高山郊外
ひだていはなおうぎ

享受自家源泉的美人湯

除了大浴池，另有露天包租浴池（50分3150日圓。採露天預約制）及大廳處的足湯，還有由地下1200m的「神代の湯」湧出的。軟質溫泉水可讓肌膚滑嫩，很受歡迎。晚餐是飛驒牛會席料理。 DATA ☎0577-36-2000 ●高山市本母町411-1 ●1泊2食20475日圓～ ●IN14時、OUT11時 ●JR高山站計程車7分 ●有接送服務（14時15分～17時15分，需確認） ●50輛 ●48間 ●1992年開業 ●有露天浴池、有包租浴池 MAP P78A3

OYADO夢の屋

飛驒之里周邊
おやどゆめのや

漂浮著玫瑰花瓣的包租浴池

距離飛驒之里（☞P46）與飛驒高山泰迪熊環保村（☞P70）不遠且價格便宜是最大的魅力。旅館不大只有9間房，晚餐是飛驒牛燒肉。24小時免費的包租浴池在6～11月期間會改成玫瑰花瓣浴。 DATA ☎0577-36-5511 ●高山市上岡本町1-319 ●1泊2食8500日圓～ ●IN15時、OUT10時 ●JR高山站計程車5分 ●11輛 ●9間 ●2006年1月改裝 ●有露天浴池、包租浴池 MAP P79D4

お宿山久

三町周邊
おやどやまきゅう

復古味濃厚的旅館

讓人回到明治・大正浪漫時代的懷舊氣息旅館。館內裝飾著留聲機與小石油燈，還有使用信樂燒的露天浴池，充滿復古氣氛。用當季食材做的「飛驒のかかさま料理」有著高山的媽媽味道，評價很不錯。 DATA ☎0577-32-3756 ●高山市天性寺町58 ●1泊2食8640日圓～ ●IN14時30分、OUT10時 ●JR高山站計程車5分 ●有接送服務（需預約） ●25輛 ●20間 ●2006年改裝 ●有露天浴池、無包租浴池 MAP P81F3

飛驒高山旅館飯店工會的HP可以搜尋並預約有溫泉、或可嘗到飛驒牛的旅館。

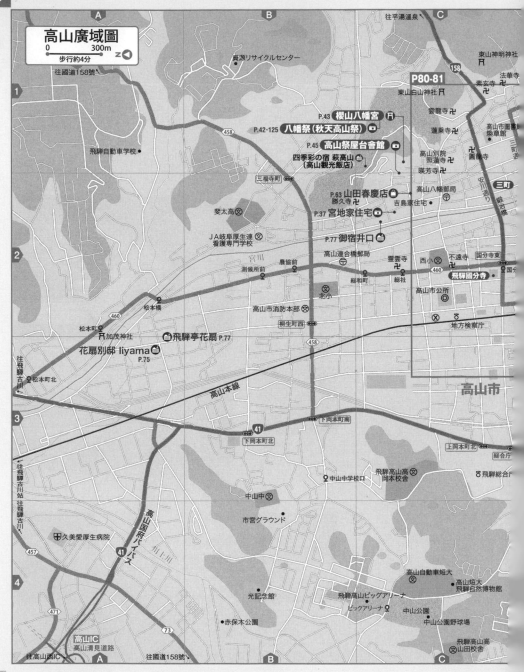

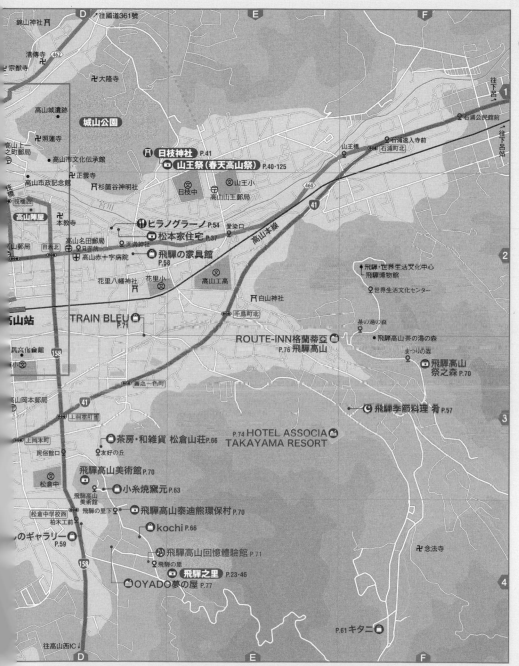

往國道361號

錦山神社

清傳寺 （462）

宗猷寺 大隆寺

高山城遺跡

城山公園

照蓮寺

高山市文化傳承館

高山上 一之町郵局

正雲寺

高山市政記念館

杉箇谷神明社

日枝神社 P.41

山王祭（春天高山祭）P.40・125

日枝中 高山山王郵局 山王小

山王橋

石浦速入寺前 石浦町北

石浦公民館前

往下呂站

往下呂站

本願寺

愛染口

高山本線 （460）

41

ヒラノグラーノ P.54

松本家住宅 P.37

高山名田郵局

日枝前 天滿神社

高山赤十字病院

飛驒的家具館 P.58

花里八幡神社 花里小

高山工高

白山神社

飛驒・世界生活文化中心 飛驒博物館

世界生活文化中心

千鳥町北

高山站

TRAIN BLEU P.71

荒の湯の森

飛驒高山茶の湯の森

まつりの森

民文化會館 158

小

直逃一色町

ROUTE-INN格蘭蒂亞 P.76 飛驒高山

飛驒高山 祭之森 P.70

41

上岡本町前

上岡本町

茶房・和雜貨 松倉山莊 P.66

友好の丘

P.74 HOTEL ASSOCIA TAKAYAMA RESORT

飛驒季節料理 肴 P.57

民俗館口

高山岡本郵局

飛驒高山美術館 P.70

松倉中

飛驒高山 美術館

小糸燒窯元 P.63

松倉中学校西 柏木工前

飛驒的里下 飛驒高山泰迪熊環保村 P.70

kochi P.66

のギャラリー P.59

158

飛驒高山回憶體驗館 P.71

飛驒的里

飛驒之里 P.23・46

OYADO夢の屋 P.77

往高山西IC

P.61キタニ

念法寺

高山市中心
0　75m　N
歩行約1分

西小学校北

↑往飛騨古川駅　往飛騨古川↑

⊗ 高山署

Ⓟ 市営花岡駐車場

◎ 高山市役所

市役所

花岡町2

初田町2

⊗ 西小学校前

西小学校南

⊗ 西小

神田町1

460

旅館かとう

卍 不退寺

高山シティホテルフォーシーズン

総和町2

岐阜地方検察庁

🅗 Hida Hotel Plaza P.76

旅館ASUNARO P.73

卍 光明寺

岐阜地方裁判所

P.71 松喜すし

割烹居酒屋 膳 P.56

初田町1　総和町1　二番街通　末広町　朝日

P.77 民宿桑谷屋

高山市

高山本線

花岡町1

有形文化財の宿 旅館かみなか P.73

P.64 ひだっち さるぼぼSHOP

● 駿河屋

P.76 穂高荘 山の庵

旅館いろは

飛騨國分寺 P.70

家具工房 雉子舎 Gallery P.60

HARA CIRCLE P.20

74　国分寺東

高山駅北

国分寺通

国分寺東

国分寺西

プレイビー

木童工房展銷店 P.61

mieux's Bar P.55

158

花里町6

おやど古都の夢 P.76

旅館 清龍 P.77

名田町2

花川町

往國道41号

濃飛バスセンター

ベストウエスタンホテル 高山

富士屋 花筏 P.71

カントリーホテル高山

昭和町

天満町6

飛騨そば 小舟 P.53

飛騨牛排輿 漢堡肉専賣店

飛騨高山観光案内所

弱尊 P.55

RESTAURANT LE MIDI P.48

🅛 高山信用金庫 駅西(支)

高山站 (車站装修中)

高山駅前 飛騨座そば

飛騨 P.53

花里町5

天満町5

名田町5

高山站

高山駅前

飛騨高山ワシントンホテルプラザ

高山郵局

高山駅南

⊗ 南小

市民文化会館

名田町1

高山郵便局前

キッチン 飛騨 P.49

神通寺 卍

スーパーホテル 飛騨・高山

SPA HOTEL ALPINA 飛騨高山 P.76

花里町4

天満町4

名田町4

名田町4

高山グリーンホテル P.76

玄興寺 卍

往高山西IC

マックハウス

高山桜庵 P.75

善光寺大本願 飛騨別院

八軒町

八軒町3

岡本町1南

花里跨線橋通

花里跨線橋東

花里町4

日赤北

県立飛騨特別支援学校 高山日赤分校

花里町3

往下呂站↓

花里町3

飛驒高山獅子會館機關人偶博物館 P.70

夢工場飛驒 P.71

吉島家住宅 P.36

日下部民藝館 P.37

八幡神社御旅所

やよいそば 角店 P.52

京や P.50

京や漬物店 P.51

レストラン ブルボン P.49

泉屋 P.65

高山別院照蓮寺

鉄砲町

笹や休庵 P.69

宮川朝市 P.22・39

馳走屋 侘助 P.51

下一之町

下二之町

布久庵 P.30

圓龍寺

附錄 三町散步地圖

蜻蛉舎 P.67

Café 青 P.31

夢椿 OTOWAYA P.69

高山市図書館 煥章館

老田酒造店 P.125

桔梗屋 P.52

ホテル・アルファーワン 高山

六拾番 P.24

渋草焼 窯元 芳国舎 P.63

馬場町2

羽根や P.65

上一之町

彩菓 なな草 P.68

脇茶屋 P.23・51

飛驒小町 P.71

藤井美術民藝館 P.24・70

二木酒造 P.125

じゅげむ P.24

布ら里 P.22・67

お宿山久 P.77

ごくらく舎 P.20・25

とらや清香園 P.69

三町

飛驒高山街角観光服務處

SAN AI HANDMADE P.32

飛驒高山城鎮の博物館 P.70

高山 うさぎ舎 P.55

茶房三番町 P.25・29

とうふ料理 のくちや

咲くや この花

旬亭なか川 P.64

オステリア・ラ・フォルケッタ P.49

本舗飛驒さしこ P.63

春秋 P.85

青 P.32

茶房 大野屋 P.30

手焼煎餅堂 P.25

ギャラリー＆カフェ遊朴館 P.30・33

きん陣 P.26・51

御食事処 坂口屋 P.26

手風琴 P.26・28

喫茶去 かつて P.23・28

CENTER4 HAMBURGERS P.54

飛驒護國神社

LE MIDI

久田屋 P.27・51

藍さつ珈琲店 P.26・31

香舗 能登屋 P.33・65

飛驒匠神社

布丁専門店

原田酒造場 P.27・71・101

住真商店 P.33

舩坂酒造店 P.27

飛驒高山 二人静白雲

津田彫刻

醸造元 角一

カフェ 与平 P.31

本陣平野屋 別館 P.71

上三之町支店

飛驒版画喫茶 ばれん P.29

いわき P.68

宝生閣 P.75

高山陣屋 P.22・34

中橋 P.70

高山市政記念館

陣屋前朝市 P.39

市政記念館

福来博士記念館

高山市公園

照蓮寺

高山公園城市酒店 P.76

あ蔵 P.57

高山市文化伝承館

城山公園 P.70

高山城遺跡

懷舊氣息濃厚的街區充滿魅力
悠閒漫步在飛驒古川

散步時間
約**3**小時

飛驒古川被規劃成棋盤狀，至今仍保有從前城下町的風貌。
可沿著一整排都是白壁土藏和格子窗商店的瀨戶川岸悠閒散步。

飛驒古川 是 這樣的地方

保有城下町風貌的復古景觀非常美麗

在戰國時代因做為城下町而繁榮起來的小鎮。沿著瀨戶川岸建造的土藏（倉庫）和商店林立，幽靜沉穩氣息的街景獨具魅力。其中有從江戶時代保存至今的和蠟燭店，以及建物被指定為國家有形文化財的兩間造酒屋。主要的觀光景點都位在從JR飛驒古川站步行10分以內的範圍，因此散步的同時可以悠閒地欣賞獨具風情的景觀。

交通

🚌 **電車**：高山站搭乘JR高山本線到飛驒古川站約16分

🚗 **開車**：高山市區走國道41號約21km

洽詢

☎0577-74-1192（飛驒市觀光協會）
MAP 附錄背面D3

❹土藏的窗戶有各式形狀 ❺老街裡有10處屋台花車停放處。門扉上畫著台紋

① ②

1 しらかべどぞうがい
白壁土藏街

飛驒古川的熱門景點

瀨戶川是在400年前為了用水而建造的。河川裡約1000隻鯉魚優游其中，沿岸鋪設500m的步道。隨風搖曳的柳樹與白壁的對比非常美麗。

☎0577-74-1192（飛驒市觀光協會）⏠ 飛驒市古川町殿町 🕐⏰🚫自由參觀 🚉JR飛驒古川站步行5分 🅿飛驒市公所停車場 **MAP**P83

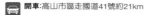
③

①約有35棟房子 ②顏色鮮豔的錦鯉優游其中 ③瀨戶川從前是武家房舍與百姓聚落的分界點

2 ひだころっけほんぽ
ひだコロッケ本舗

最適合散步時買來吃

將男爵芋搗碎後加進細切的飛驒牛，純手工做成的可樂餅1個220日圓。口感酥脆是因為客人訂購後才下鍋油炸，1個有120g讓人吃起來很滿足。

步行1分

不沾醬，可以吃到肉的美味 ▶

☎0577-73-3125 ⏠飛驒市古川町壱之町10-1 🕐10～17時（冬季會有變動）🚫週二、有不定休 🚉JR飛驒古川站步行5分 🅿無 **MAP**P83

步行1分

4 工房 布紙木
こうぼう ふしぎ

以單一色調呈現古川的風景

古川出身的菅沼守在約40年前開始販賣自學而來的剪紙畫。利用刀片切割黑色圖畫紙來表現白壁土藏的老街或古川祭等。

☎0577-73-6477 住飛驒市古川町壱之町5-26 ⏰10~17時 休週三・週四(逢假日則營業)、另有不定期休 交JR飛驒古川站步行5分 P無 MAP P83

▲ 單一原創作品 19000日圓~

▼ 寫有文字的剪紙畫書籤1張630日圓~

▲ 色彩鮮豔的山林野草畫名信片1張210日圓

民家屋簷下方的"雲"圖案

所謂的「雲」是木工師傅在建造房子時塗上去的白色裝飾圖案。模樣有木葉、蔓草紋等約170種。表現出師傅對建築物的愛以及對工作的自豪。

5 壱之町珈琲店
いちのまちこーひーてん

將百年歷史的古民宅改裝而成的咖啡廳

來一份每日蛋糕200日圓~與特調咖啡430日圓享受片刻歇息。人氣的菠蘿麵包200日圓1天限量12個。午餐推薦飛驒牛咖哩飯800日圓。

☎0577-73-7099 住飛驒市古川町壱之町1-12 ⏰10~17時 休週二 交JR驒古川站步行7分 P無 MAP P83

▲ 即便一人也很自在的店內氣氛

▲ 使用天然整片木材的桌子很時尚
◀ 每日蛋糕之南瓜馬芬

步行2分

步行3分

3 飛驒之匠文化館
ひだのたくみぶんかかん

探索飛驒工匠的歷史與技術

介紹一些曾經參與過奈良時代首都興建的飛驒工匠之技術與木工道具。除了可見識到完全不使用釘子的獨特建築技法,也可實際體驗榫接讓戲等木工組裝法。

☎0577-73-3321 住飛驒市古川町壱之町10-1 金門票300日圓 ⏰9~17時(12~2月~16時30分) 休週四(逢假日則營業) 交JR飛驒古川站步行5分 P無 MAP P83

▶ 文化館本身也是按照傳統技法建造而成
▼ 展示著千鳥格子與榫接工法等模型

飛驒市役所◎
本町
飛驒市役所前
①白壁土藏街
飛驒市公所◎
飛驒市觀光協會
起太鼓之里・飛驒古川祭典會館
往富山站
古川祭 P.125
飛驒古川站
JR高山本線
古川駅前
飛驒之匠文化館③
古川病院
円光寺
金森町
ひだコロッケ本舗②
富川
三嶋和蠟燭店 P.125
殿町
本光寺
真宗寺
④工房 布紙木
⑤壱之町珈琲店
本光寺前
荒城川
往高山站
N
100m
往高山

聆聽療癒心靈的流水聲
漫步在郡上八幡

散步時間
約**3**小時

河川清澈到水底石頭依稀可見，郡上八幡是廣受泉水恩澤的水鄉。
來到這處名水景點停留，好好地享用名水美食與購買伴手禮吧。

郡上八幡是
這樣的地方

3條河川交會在此，以水之町聞名

位在長良川上游處的城下町。以水之町聞名，吉田川（**MAP** P85）的河川戲水聲是「想永存的日本音色風景100選」之一。另外也能欣賞沿著棋盤狀道路通過的水路，以及為了善用水資源發明出來的水舟。在7～9月舉辦「郡上舞（☞P86）」的時期會湧進許多觀光客，熱鬧非凡。

交通

🚌 **巴士**：高山濃飛巴士中心搭乘濃飛巴士名古屋線1小時20分，郡上八幡IC下車，轉搭計程車到城下町廣場約10分

🚗 **開車**：高山市區經中部縱貫自動車道、東海北陸自動車道等約76km

洽詢

☎0575-67-0002（郡上八幡觀光協會）
☎0120-05-3128（KOIKE計程車）
MAP 附錄背面B7

❶吉田川源頭來自奧美濃群山 ❷有來頭的泉水，宗祇水

▲眺望魚形的城下町

START!

巴士站郡上
八幡インター
🚌

計程車
10分

ぐじょうはちまんじょう
郡上八幡城

從天守閣俯瞰美景！

木造4層5樓的天守閣是在昭和8年（1933）重建，在日本重建的木造城樓當中可說是最古老的。位在標高354公尺八幡山山頂上，從最頂樓可俯瞰整個城下町。

☎0575-67-1819（郡上八幡產業振興公社）🏠郡上市八幡町柳町一の平659 💴門票310日圓 🕐9～17時（6～8月8～18時、11～2月～16時30分）🈺12月20日～1月10日 🚉城下町廣場步行20分 🅿20輛 **MAP** P85

步行
20分

◀始於永祿2年（1559）遠藤盛數在此築城

步行
2分

そうぎすい
❷ 宗祇水

**第一個入選
日本名水百選的泉水**

位在小駄川畔的湧泉，是郡上八幡的重要象徵。文明3年（1471），連歌的大師・飯尾宗祇與郡上的領主・東常緣曾在此泉水邊歌詠過。

☎0575-67-0002（郡上八幡觀光協會）🏠郡上市八幡町本町 💴🕐🈺自由參觀 🚉城下町廣場步行5分 🅿無 **MAP** P85

▼又稱為「白雲水」

水舟的構造

不浪費湧泉的設計。區分成2至3道水槽，可依飲用、清洗食材、清潔碗盤等目的使用。

▲劃破水球就可看到透明的果凍

步行3分

步行4分

散步在緊鄰日常生活的小徑

「IGAWA小徑」是沿著民宅後方島古用水一路延伸的小路，寬1m、長約100m。可看見居民在此洗衣服的景象。☎0575-67-0002(郡上八幡觀光協會) **MAP** P85

中庄
なかしょう

打著清流招牌的甜點

最著名的是用郡上八幡天然水做出來的果凍、清流的水滴1個160日圓，是只在5～9月販賣的季節限定商品。在微甜透明的果凍淋上黑蜜或白蜜享用。

☎0575-65-2433 住郡上市八幡町島谷541 ⏰9時30分～19時 休週三 交城下町廣場步行5分 P無 **MAP** P85

▲除了和菓子也有西點，是種類很豐富的甜點店

GOAL！

▲有長凳子可供休息

谷中水之小徑
やなかみずのこみち

融合在週遭民宅裡，充滿風情

使用來自吉田川與長良川的小石頭鋪設出美麗圖形的小徑。小石子數量採跟町名(八幡)同樣發音的8萬顆。另一頭有一處文化設施叫做Yanaka三館，可順道進去參觀。

☎0575-67-0002(郡上八幡觀光協會) 住郡上市八幡町新町 ¥⏰休自由參觀 交城下町廣場步行8分 P無 **MAP** P85

▲泉水可飲用。口渴了可滋潤一下喉嚨

▼彈牙蕎麥涼麵的紮實口感很有人氣

▲裝滿岐阜縣傳統蔬菜，深戶濃的蘿蔔泥蕎麥麵980日圓

平甚
ひらじん

用名水做成的絕品蕎麥麵

用石臼將精選的日本產蕎麥粉研磨後，加入郡上名水做出來的蕎麥麵。招牌是使用澱粉質更高的更科粉做成的彈牙蕎麥涼麵(普通)870日圓。

☎0575-65-2004 住郡上市八幡町本町870 ⏰11～16時(週六・日・假日～17時。夏季・冬季會有變動) 休無休(1・2月會有變動，需事前確認) 交城下町廣場步行5分 P7輛 **MAP** P85

▲坐在靠窗和式座位可以望見吉田川

📖 香魚、蕎麥麵、特產酒、味噌等，都是來自清澈名水的美食，千萬不可錯過。

參加郡上舞祭
在炎炎夏日熱鬧通霄

「郡上舞」由於活動期間很長，因此有日本第一盆舞之稱。
與當地人圍成圈，盡情享受擊鼓奏樂與木屐聲交錯的熱鬧夜晚。

❶每15～20分變換曲目 ❷以擊鼓奏樂者所乘坐的花車為中心跳舞 ❸每晚在最後一定會播放一次的壓軸曲「まつさか」

ぐじょうおどり
郡上舞祭

擁有約400年歷史的
郡上夏天最大活動

配合鎮上各地的佛祖緣日，在每年7月中旬～9月上旬的2個月期間合計32個晚上舉辦。最高潮是8月13～16日的「徹夜舞」。這4天期間木屐與擊鼓奏樂聲持續到清晨5時。舞步一共有10種。

參加祭典時的小建議

帶著扇子和手帕
記得要攜帶散熱用的扇子以及擦汗手帕。可到郡上八幡舊廳舍紀念館購買。

▶扇子 410日圓
◀Kawasaki 手帕1條 840日圓

換上浴衣＆木屐
穿著輕鬆衣物前往也無妨，但如能換上浴衣整個氣氛將會大大不同。也請準備可提高跳舞情緒的木屐。
・石山吳服店（浴衣出租）
☎0575-65-3854 MAP P86
・杉本はきもの店（木屐）
☎0575-67-1080 MAP P86

▼價格2000日圓～很便宜
▲穿上浴衣所需時間約30分

參加舞蹈的講習會
位在郡上八幡舊廳舍紀念館（☎0575-67-1819 MAP P86）2樓的「かわさきホール」在郡上舞祭舉辦期間的每週六・日、8月13～16日都會舉辦舞蹈講習會。1天3次（1次520日圓），限額名前50名，需預約。

◀由郡上舞保存會旗下的老師指導

郡上舞祭會場地圖

要是跳得好還能獲得資格證。1個晚上會審查1次，徹夜舞期間1晚2次。只有身穿浴衣的人才會被列入審查對象。

在世界遺產 白川鄉
可遇見日本原始的風景

群山環繞、茅草屋頂的合掌造房屋林，
這一幅悠閒景色宛如日本童話中的世界。
品嘗當地特產食材、
學習當地人的生活智慧，
來此度過一段悠哉自在的時光吧。

1

2

3

重點看過來！

1 散步欣賞
懷舊的風景

可在荻町城跡展望台拍照紀念，或進到合掌造民家參觀。

2 品嘗山間美食

好好品嘗使用當地食材做成的料理與泉水中捕獲的淡水魚。

3 下榻
合掌屋旅館

下榻於合掌屋旅館，體驗慢活時光。一定能了解白川鄉的真正魅力！

一片悠閒景色的合掌村

白川鄉
しらかわごう

A 仿後背竹簍做成的小置物品 **B** 插著掏耳棒的迷你合掌造家屋

是這樣的地方

白川鄉位於岐阜縣西北部豪雪地帶，因此房子屋頂採用三角狀的合掌造以避免厚雪堆積。這樣獨特的建築景觀受到高度評價，在1995年列入為世界遺產。來到這兒有如走進日本的童話世界般，好好地在此享受自在漫步的時光吧。

a c c e s s

●高山站出發

高山濃飛巴士中心

↓ 搭乘濃飛巴士白川鄉·金澤線50分～1小時

♀ 白川鄉

●白川鄉當地的交通

♀展望台觀光
シャトルバス乗り場

↓ 搭乘專用接泊巴士10分

荻町城跡展望台

洽詢 ☎05769-6-1013
（白川鄉觀光協會）

廣域MAP 附錄背面B3

往五箇山IC↑

往五箇山↘

往飛驒古川↗

360

白荻橋

156

觀光的提要
由展望台往南步行參觀

往展望台是上山坡道，步行會顯得吃力些。建議可搭乘專用接駁車移動。回程是下坡也可用走的。

荻町城跡展望台

狄町城遺跡

荻町城跡展望台

♨荻町

荻町

往白川鄉IC↑

白山スーパー林道

荻町橋

360

往白川鄉IC↑

荻町トンネル

156

庄川

連結合掌造聚落與展望台

接駁巴士單程200日圓。1小時3班。

大牧隧道

東海北陸自動車道

和田家

荻町合掌造聚落

荻町合掌集落♨

荻町川鄉巴士站
步行10分

往飛驒清見IC

往白山一里野溫泉

前往荻町合掌造聚落的車輛會進行管制，車子請停至SESERAGI公園停車場

焰仁美術館

神田家

SESERAGI公園

•長瀬家

♨展望台觀光接駁巴士搭乘處

綜合導覽
相遇之館
(白川鄉觀光協會)

♨白川鄉

野外博物館
合掌造民家園

明善寺

濁酒祭典館

荻町神社前♨

♨白川八幡宮

往御母衣湖

0　　　　100m
N

89

熱門景點看這裡

おぎまちがっしょうづくりしゅうらく
荻町合掌造聚落

大小加起來尚保有114棟合掌造家屋，被登錄為世界遺產的就是此處。這裡也是重要傳統建築物群保存地區。

おぎまちじょうせきてんぼうだい
荻町城跡展望台

位在高地，可將荻町聚落一覽無遺。綠葉與楓紅等四季不同的景觀非常迷人。冬季關閉。

方便的觀光交通工具

定期觀光巴士

推薦利用高山濃飛巴士中心發車的定期觀光巴士（需預約※如尚餘空位也可當天報告搭乘）。有導遊介紹白川鄉與五箇山的合掌造民家聚落，費用6690日圓（附午餐）。每天發車。
☎0577-32-1688(濃飛巴士)

漫步在世界遺產的
白川鄉合掌村

悠閒地散步
約**3**小時

白川鄉合掌造房屋林立，呈現一片悠閒風光。
委身在緩慢流動的時光中，享受優遊自得的散步樂趣。

START！

📷 荻町城跡展望台
おぎまちじょうせきてんぼうだい

從高地一覽合掌造家屋聚落

這裡是室町時代治理此帶的內島為氏家臣——山下氏勝的居住地。可眺望到被登錄為世界遺產的荻町聚落。綠葉與楓紅、靄靄白雪等隨四季變化的景色非常迷人。

☎05769-6-1013（白川鄉觀光協會）🏠白川村荻町 💴🕐休自由參觀（冬季部分道路禁止通行）🚌舊荻町停車場搭專用接駁巴士（☞P89）10分 🅿10輛
MAP P91B1／P99C3

最適合賞楓期間
為10月下旬～
11月中旬

秋

冬

12月左右開始降雪，
成為一片銀白世界

▲ 經典的紀念照景點

步行
3分

🛍 恵びす屋
えびすや

購買濁酒當伴手禮

販賣白川鄉傳統濁酒口味的甜點。濁酒仙貝16片500日圓、濁酒羊羹450日圓。另外也有民藝品和特產酒。

☎05769-6-1250 🏠白川村荻町89-2 🕐9～17時（視季節變動）休不定休 🚌白川鄉巴士站步行5分 🅿無 **MAP** P91B2／P99B4

◀ 可以上去參觀
合掌造民家最大
特徵的閣樓

▲ 被指定為國家重要文化財

步行
15分

📷 和田家
わだけ

荻町規模最大的合掌造民家

據傳建造於江戶時代中後期，約有300年歷史的合掌造民家。和田家是村裡代代擔任村長與掌管通關所的名門望族。現在仍有人居住，部分開放參觀。

DATA ☞P92 **MAP** P91B1／P99C3

步行
7分

◀ 濁酒仙貝帶
著一股淡淡的
酒香

冬季點燈絕不容錯過

白川鄉到了2月甚至積雪會高達2公尺。1～2月期間會有7天點燈日（日期需洽詢），合掌造聚落點上燈後一整個充滿夢幻的光景。

☎05769-6-1013（白川鄉觀光協會）

GOAL

野外博物館 合掌造民家園
やがいはくぶつかん がっしょうづくりみんかえん

傳承白川鄉文化的博物館

保存並開放25棟合掌造民家，完整重現鄉村的生活景象。4月中旬～10月會舉辦稻草鞋與蕎麥麵等6種實際製作體驗活動（需預約）。

☎05769-6-1231 住白川村荻町2499 Y門票500日圓 ⏰8時40分～17時（視季節變動）休無休（12～3月週四、逢假日則翌日）交白川鄉巴士站步行3分 P無 MAP P91A2／P99B4

▲25棟中的9棟是岐阜縣的重要文化財

▲建築物裡頭展示著從前的農具及養蠶工具

步行2分

焰仁美術館
ほむらじんびじゅつかん

合掌造房屋與個性作品相當搭配

這裡是昭和52年（1977）起約20年期間，在白川鄉設了畫室的畫家焰仁的美術館。展示一些色彩鮮豔的作品，如使用最具代表性的青藍色描繪而成的裸婦像等。

☎05769-6-1967 住白川村荻町2483 Y門票300日圓 ⏰9～16時 休週三 交白川鄉巴士站步行1分 P無 MAP P91A2／P99B4

▲適合買來當伴手禮的明信片1張100日圓

▲由焰仁的畫室改裝而來

150m

N

每年11月的消防訓練中，會舉行消防噴水的演練。由於是安全檢查作業而非觀光性質，因此日期未對外公開。

匯集先人智慧與功夫的
合掌造房屋的建築秘密

德國建築學家布魯諾陶特高度稱讚合掌造房屋是「符合建築原理的構造」。
讓我們深入來了解光從外部看不出其奧妙的合掌造房屋建築秘密吧。

合掌造房屋的基本

名稱的由來
茅草屋頂的建築物，因為屋頂看起來很像雙手合掌的模樣，因此被稱為「合掌造」。

仍有許多保留在世界遺產的荻町聚落
荻町的合掌造聚落尚保存著大小114棟建築物。有不少現已改為民宿或餐廳、伴手禮店。

無論哪一棟都朝同一方位建造
為了避免屋頂被腐蝕得保持乾燥，建造當時將通風與日照條件都考慮進去，因此無論哪棟建築物都自然地朝向同一方位。

▶屋頂各面向東西方

建築物藉著「結」的精神維持至今
一到春天，靠著互助合作的「結」的精神，所有村民出動一起進行屋頂茅草的更換工作。每個單面通常得靠100～200人花上2天才能完成。

▲屋頂約30年就得更換一次茅草

🏠 可以到這裡參觀 🏠

\導覽員是/
\這位先生/

▶從前這裡住了10～15人

和田家第20代繼承人
和田正人
（わだ まさひと）

わだけ
和田家

荻町聚落當中規模最大的

這裡是江戶時代擔任村長等地方要職的望族宅邸，具300年歷史的建築物非常有特色。閣樓除了展示一些養蠶工具，現在夏天也會養蠶做為展示用。

☎05769-6-1058
🏠白川村荻町997
🎫門票300日圓
🕘9～17時 休不定休 🚌白川鄉巴士站步行12分 🅿無 MAP P99C3

❶ AMA（閣樓）
從前的養蠶工作室

分成2～4層用來做為養蠶工作室或置物處。閣樓通風良好是非常適合養蠶之處。養蠶在幕府末年～昭和初期是非常重要的收入來源。

1 設計從側面窗戶引風進來 2 蠶絲用的紡織機等養蠶工具 3 展示用的蠶繭

秘密

◀為了避免使用稀有的釘子而創造出來的智慧

完全不使用釘子！

樑與柱都是用金縷梅樹皮做成的繩子固定。固定時預留好空間好讓建築物可以抵抗強風或積雪重量。

② 屋頂

傾斜50～60度

為了不讓房子被厚雪壓垮，因此屋頂採陡斜設計。也能減輕鏟除厚重積雪時的負擔。

▲不僅能排水，也防止雨水滲入

秘密

屋頂只是架上去而已！

木材前端削尖的部分稱為「駒尻」，將它插進樑腳處的鑽洞裡。

▲遇強風或地震時藉由搖晃的屋頂來分散力道▲

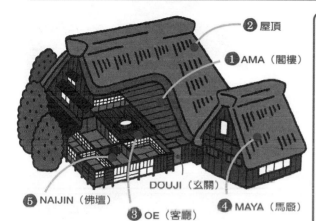

- ② 屋頂
- ① AMA（閣樓）
- DOUJI（玄關）
- ⑤ NAIJIN（佛壇）
- ③ OE（客廳）
- ④ MAYA（馬廄）

③ OE（客廳）

主要的生活空間

設置有地爐的大空間，是一家團圓之處。從前在此煮飯取暖，當家男人坐裡頭，女人則坐在靠近廚房的位置。

◀從前和田家設有3個地爐

秘密

地爐的煙保護了建築物

煙有防腐、防蟲效果，因此地爐總是燒著柴火讓煙佈滿家中。

▲樑柱會變黑是因為長年被煙燻出來的結果　▲可以阻擋煙硝並分散熱氣與煙的「火天」

⑤ NAIJIN（佛壇）

設置莊嚴的佛壇

白川鄉虔誠信奉淨土真宗，各家都會設置莊嚴的佛壇。

▶位在客房隔壁

④ MAYA（馬廄）

飼養牛馬的屋子

從前飼養牛馬幾乎都是為了農作需要與交通移動。

◀內部通常不開放參觀

> 還有喔！ **可以參觀的合掌造房屋**

かんだけ
神田家

▶佔地內有腳踏春日小屋及曬稻架倉

4樓5層的合掌造房屋

江戶時代後期由朝廷木工花了10年歲月建造而成的。當時製造火藥原料的硝石處以及中2樓的觀火窗都是參觀的重點。

☎05769-6-1072 住白川村荻町796 ¥門票300日圓 ⏰9～17時 休不定休（12～2月連三休）交白川鄉巴士站步行10分 P無 MAP P99C4

ながせけ
長瀨家

▶第5代當家建造的。完工於明治23年（1890）

在白川鄉難得一見的5樓構造

1樓有一處至少500年前設置的佛壇。從第1代到第3代都是從事中醫工作，因此也可看到江戶時代的藥箱和量秤。

☎05769-6-1047 住白川村荻町823-2 ¥門票300日圓 ⏰9～17時 休不定休 交白川鄉巴士站步行10分 P無 MAP P99C4

充滿鄉土好滋味
品嘗山間美食

來到白川鄉，一定得嘗嘗在豐富大自然下採得的食材所做成的美食。
以下介紹的是以當季食材為主精選出來的山間美味。

おしょくじどころ いろり
お食事処 いろり

在150年歷史的古民宅
品嘗山菜料理

約有150年歷史的合掌造餐廳。堅持
產地自銷的菜單中最值得推薦的是
山菜定食1944日圓，使用的都是在
白川鄉栽種的季節山菜，還另附香
味十足的虹鱒甘露煮。

☎05769-6-1737 🏠白川村荻町374-1
🕐10～14時 ❌不定休 🚌白川鄉巴士站步
行12分 🅿10輛 MAP P99C3

Check!
• 山菜 •
白川鄉栽種著許多山菜種類。配合季節不同菜色也會有所變化

▲另附設販賣特產與簡餐的姐妹店

山菜定食附有豆腐和蕎麥麵等配菜

そばしょうやまこし
蕎麦庄やまこし

用自家製蕎麥粉手工做成的
鄉土蕎麥麵

將自家種的玄蕎麥以石臼磨過後，再
用手工製成蕎麥麵。口感紮實的蕎
麥麵搭配的是柴魚高湯底熬成的香
甜醬汁。也有紅點鮭及山菜料理。

☎05769-6-1165 🏠白川村荻町1786-3
🕐11時30分～售完即打烊 ❌週四 🚗東海
北陸自動車道白川鄉IC開車4分 🅿20輛
MAP P99B2

Check!
• 蕎麥麵 •
高地的山林很適合種植蕎麥。堅持使用自家製蕎麥粉

▲日式時尚風格的餐廳，裡頭有地爐

白蘿蔔泥蕎麥麵1100日圓，辛辣的白蘿蔔與青蔥帶出好味道

きっさこんじゃく
喫茶今昔

品嘗傳統料理湯圓

當地自古以來的傳統湯圓一共有4種
吃法，分別是加入紅豆湯、高湯、
肉湯或是黃豆粉。蕎麥麵700日圓～
等，提供簡餐，肚子餓時可以來此
解饞。

☎05769-6-1569 🏠白川村荻町445
🕐10～16時 ❌不定休 🚌白川鄉巴士站步
行3分 🅿無 MAP P99B4

Check!
• 湯圓 •
養蠶業興盛的從前，為了籠隻的成長而做初午糯子來慶祝為其起源

▲合掌造及懸山頂式的建築物，門口掛著藍色門簾

有如善哉的紅豆湯圓。湯圓皆為600日圓

不可錯過的
白川郷傳統濁酒

每年10月濁酒祭中舉杯交錯的酒。在「お食事処 いろり」可喝到由縣內酒店製造的濁酒1杯300日圓。酸甜的獨特味道與溫潤口感讓人一喝就愛上。

はくすいえん
白水園

不容錯過的罕見熊肉料理

著名的OYAJI和膳2160日圓是用當地獵人捕獲的熊肉做成的熊肉鍋。因熊肉稀少所以限量販賣。另外還有朴葉味噌和膳1720日圓等定食及蕎麥麵、烏龍麵等。

☎05769-6-1200 ⓘ白川村荻町354 ⓢ11～15時 ⓡ不定休(逢週六·日·假日則營業，12～3月需預約) ⓔ白川郷巴士站步行12分 ⓟ20輛 MAP P99C3

Check!
● 熊肉鍋 ●
充滿刺激的野味只有到山間小鎮才品嘗得到。薄切的熊肉油脂豐富

▲附設壁爐的寬廣和式座位

OYAJI和膳採限量提供，建議事先訂位

きたのしょう
基太の庄

鋪在朴葉上燒烤的飛驒牛

朴葉味噌燒定食1350日圓、以朴葉味噌佐味的鹽烤紅點鮭定食1850日圓等，朴葉燒的菜色種類很多。其中又以用陶板燒烤飛驒牛和朴葉味噌的味噌牛排定食最有人氣。

☎05769-6-1506 ⓘ白川村荻町2671-1 ⓢ11～15時(每日不同) ⓡ不定休(10月13～15日、12月下旬～1月中旬休息) ⓔ白川郷巴士站步行10分 ⓟ15輛 MAP P99B4

Check!
● 朴葉味噌 ●
在飛驒地方自然生長的朴葉放上味噌燒烤的傳統料理

▲除了有和式座位，2樓也有民藝品的展示空間

附白飯、味噌湯、山菜料理的味噌牛排定食2300日圓

ますえん ぶんすけ
ます園 文助

河魚是從水池撈起當場調理

客人點餐後，才將庭院湧泉養殖的河魚從水箱撈起來調理。推薦的是可品嘗到鹽烤紅點鮭、虹鱒生魚片、櫻鱒甘露煮等3種河魚美味的ます園文助定食2420日圓。

☎05769-6-1268 ⓘ白川村荻町1915 ⓢ9～20時LO ⓡ不定休 ⓔ白川郷巴士站步行30分 ⓟ8輛 MAP P99C3

Check!
● 河魚 ●
一整年水溫起偏低，因此河魚肉質緊實美味

▲風味十足的建築物。從店裡可看見田園景色及中庭池塘。

ます園文助定食。河魚是自家養殖的，一整年都吃得到

白川郷的餐飲店常被團體客包場，建議提早前往用餐。也可事先以電話預約。

下榻合掌造旅館
體驗山林生活

光是參觀還是無法體會在合掌造房屋的日常生活。
要不要試試看下榻合掌造旅館，實際體會一下慢活的時光呢？

有如在自己家鄉般
圍著爐火聊天

1

3

がっしょうのやどりへえ

合掌の宿 利兵衛

建築物有400年歷史。最大特徵的妻入樣式在白川鄉合掌造當中算是特別古老的建築樣式。老闆娘是土生土長的白川鄉人，平常除了在農田種植各種季節食材，從料理到送客全都一個人親力而為。真是只有在白川鄉才感受到的家庭溫暖氣氛。

☎05769-6-1552
🏠白川村荻町103
🚌白川鄉巴士站步行5分 🅿5輛 🛏4室
●1977年開業
●共用衛浴設備
MAP P99B4

┌─────────────┐
│ CHECK │
│ ÷1泊2食費用÷ │
│ 平日・假日前日皆為8640日圓～ │
│ （10～3月暖氣費＋400日圓） │
│ ÷時間÷ │
│ 🕐IN14時、OUT9時30分 │
└─────────────┘

2

4

1 在客廳兼飯廳的圍爐間與老闆娘開心聊天 **2** 食材幾乎都是當地產 **3** 在蕉廊享受大自然的沐浴 **4** 老闆娘在門口揮手送客

☪ 入住步驟

14:00
登記入住
抵達旅館。看到合掌造的三角茅草屋頂建築物令人雀躍不已。

15:00
進房間休息
在用心打造的和室客房休息。之後再到白川鄉走走。

18:00
晚餐
回到旅館準備享用晚餐。飛驒牛陶板燒和鹽烤紅點鮭等都非常美味。

20:00
泡澡
家族尺寸檜木浴池。洗澡時間為16時30分～翌日9時。

7:30
早餐
以朴葉味噌為主的早餐。料理全都是老闆娘親手做的。

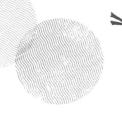

沒有隱私！？
下榻合掌造旅館的心得

合掌造旅館基本上客房之間只相隔一扇和室門，無法上鎖。而且浴室・廁所幾乎都是共用的，再加上能提供的衛浴用品並不完善，因此訂房時務必跟旅館確認清楚。

白川鄉 ● 下榻合掌造旅館體驗山林生活

がっしょうのやど まごえもん

合掌乃宿 孫右工門

擁有長簷廊的旅館，建築物本身已有270年以上的歷史。經營旅館的夫婦自家種植稻米和蔬菜，並在地爐細心地為房客烤紅點鮭，來到這兒可以好好地品嘗白川鄉的道地鄉土味。

☎05769-6-1167 住白川村荻町360 交白川鄉巴士站步行8分 P7輛 客6間 ●1997年改裝 ●共用衛浴設備 MAP P99B4

坐在簷廊感受山林的四季風情

地理位置
庄川流經旅館後方，也有可以眺望河川景色的客房

下榻重點

1 坐在長簷廊感受四季變化的風貌 2 早餐之一。在用餐處與其他房客聊天也只有下榻合掌造旅館才能擁有的體驗

CHECK
÷1泊2食費用÷
平日・假日前日皆為10260日圓～
（10～3月10960日圓）
÷時間÷
IN15時、OUT9時30分

いっちゃ

一茶

利用200年歷史的合掌造家屋改裝而成的旅館，閣樓有展示農具的空間。旅館老闆夫妻使用精心栽種的越光米和各季節蔬菜、手工味噌等做成鄉土料理待客。

☎05769-6-1422 住白川村荻町425 交白川鄉巴士站步行5分 P7輛 客4間 ●1974年11月開業 ●共用衛浴設備 MAP P99B4

美味又溫暖人心的淳樸鄉土料理

自家栽種的食材
另外也栽種越光米、紅蕪菁、宿儺南瓜等特產品

下榻重點

1 招牌飛驒牛陶板燒佐以自家製的紅味噌。另提供當季山菜做的炸天婦羅等 2 讓人打從心底沉浸在鄉村風情的客房

CHECK
÷1泊2食費用÷
平日・假日前日皆為8800日圓～
（10～4月暖氣費＋500日圓）
÷時間÷
IN14時、OUT10時

合掌造旅館的客房數皆僅4～6間，建議提早訂房。另外要提醒的是住宿時不要忘了最基本的禮儀。

簡樸的伴手禮撫慰心靈
白川鄉的精選伴手禮

如果要購買美食伴手禮，可以挑選用白川鄉傳統酒"濁酒"做成的甜點。當地老婆婆手工製作的民藝品光是欣賞就讓人心靈愉悅。

 美食

豆菓子
1袋340日圓～

豆菓子專賣店「豆吉本舖」的商品。飛驒蘋果450日圓與濁酒豆500日圓是白川鄉限定商品

裹上各種糖衣口味的落花生

商店 A

紫蘇最中
8個700日圓

仿造合掌屋造型的最中內含紫蘇粉的豆餡。僅在白川鄉區域販售

香氣爽口的外皮包覆的內餡

商店 C

濁酒羊羹
450日圓

與白川村濁酒祭相關，添加酒類的羊羹。製品內並無酒精成分

受大人愛戴且隱約散發濁酒香氣

商店 C

民藝品

布製草鞋
1對1320日圓～

用碎布手編而成的草鞋。顏色及花樣每雙都不同，可挑一雙自己中意的

也可當室內鞋

商店 A

迷你草鞋
1個530日圓

自古以來據說草鞋對腳部和腰部健康有幫助。約3.5cm的草鞋是手工製作的

草鞋吊飾可當御守符

商店 B

草木染布手帕
1條900日圓

棉布手帕上用各種花草染色，粉紅色是茜草、黃色是茅草、藍色是臭茉莉

用大自然花草染成的柔和色彩獨具魅力

商店 B

🏠 商店在此

🏠 こびき屋 (こびきや) **A**

由合掌造房屋改裝而成的伴手禮店。不僅販賣民藝品，也有特產酒、甜點等。豆菓子於柿乃木店（MAP P99B4）販售。

☎05769-6-1261 住白川村荻町286 ⏰9～17時（視季節變動）休不定休 交白川鄉巴士站步行10分 P5輛 MAP P99C3

🏠 じ・ば工房 (じ・ばこうぼう) **B**

手工製作並販售流傳於白川鄉的生活工具及工藝品。另外也有草鞋製作1700日圓與編織機1000日圓～等體驗課（需洽詢）。

☎05769-6-1330 住白川村飯島6 ⏰9～17時 休週一 交東海北陸自動車道白川鄉IC開車8分 P10輛 MAP P99B1

🏠 道の駅 白川鄉 (みちのえき しらかわごう) **C**

標記是白川鄉茅草屋頂。館內設有展示合掌造房屋的合掌展館。

☎05769-6-1310 住白川村大字飯島411 ⏰8時30分～17時 休無休 交東海北陸自動車道白川鄉IC開車3分 P62輛 MAP P99B1

往五箇山IC
往五箇山
飯島八幡神社
P.125 濁酒祭
白川郷 P.98

A
B
C

白川郷
0 150m N
歩行約2分

飯島

敬勝寺卍

飛騨白川PA

白川中 白川小
P.98 じ・ば工房

東海北陸自動車道

白川村役場
蕎麦庄やまこし P.94

鳩谷郵局 鳩谷

白川村

156

鳩谷
P.125 濁酒祭
鳩谷八幡神社
白川橋
まず園 支助 P.95

大滝川

白荻橋
荻町城跡展望台 P.90

白川郷
荻町城遺跡
荻町
荻町橋 荻町
360
往飛騨古川

お食事処 いろり P.94
白水園 P.95
こびき屋 P.98
和田家 P.90・92

荻町合掌造集落

往白山里野温泉

大牧

白山Super林道
(白山白川郷ホワイトロード)

大牧隧道

荻町遊歩道

荻町合掌集落

P.97 合掌乃宿 孫右エ門
P.94 喫茶今昔
焔仁美術館 P.91
SESERAGI公園
白川郷 一茶
P.97

荻町

こびき屋柿乃木店 P.98
神田家 P.93
長瀬家 P.93

舊荻町停車場(接駁巴士上下車處)
合掌の宿 利兵衛 P.96
恵びす屋 P.90
卍明善寺

野外博物館合掌造民家園 P.91

156

荻町神社前
荻町八幡宮
濁酒祭 P.125

基太の庄 P.95

往御母衣湖
往飛騨清見IC

A
B
C

另一處世界遺產
五箇山駕車遊

白川鄉北邊約20公里處還有一處世界遺產，那就是富山縣的五箇山。
可開車兜風在以菅沼和相倉2處合掌造聚落為主的山林間。

五箇山是
這樣的地方

保存合掌造的傳統

位在五箇山的菅沼及相倉2處合掌造聚
落與白川鄉一同被登錄為世界遺產。菅
沼有9棟、相倉有23棟合掌造建築尚被
保存著，附近有不少富含歷史與文化的
景點。

交通

開車：東海北陸自動車道白川鄉IC至五箇山
IC約16公里。五箇山IC至菅沼聚落走國道
156號約1公里、至相倉聚落約12公里。

洽詢 ☎0763-66-2468（五箇山綜合服務處）

MAP 附錄背面B2

▲含有300年以上歷史的古老房屋林立，相倉聚落

🚩 START!

えんしょうのやかた
❶鹽硝館

江戶時代貴重火藥的原料

鹽硝是火藥的原料，江戶時代鹽硝製造
是五箇山的一大產業。館內播放影片介
紹從鹽硝原料取得到製造、出貨等製
程。

☎0763-67-3262 住富山縣南砺市菅沼134
¥門票210日圓 ●9時～16時30分（12～3月～
16時） 休無休 交荻町合掌聚落巴士站搭往越能
巴士往高岡站31分，在菅沼下車步行3分 P菅
沼展望停車場29輛（1次500日圓） MAP P101B1

約7km 10分

約4km
6分

むらかみけ
❷村上家

可窺見從前的生活景象

位在菅沼與相倉之間的上梨地區。約有400年
歷史的合掌造房屋，裡頭展示著數千件的民
俗資料。使用傳統樂器表演的「Kokiriko舞」
頗受好評。（需購票並預約）

☎0763-66-2711 住富山縣南砺市上梨742 ¥門票300
日圓 ●8時30分～17時（12～3月9～16時） 休週三（逢假
日則開館） 交荻町合掌聚落巴士站搭加越能巴士往高岡站
38分，在上梨下車即到 P30輛 MAP P101B2

❶可在1樓地爐間聆聽五箇山的過往 ❷昭和33年
（1958）被指定為國家重要文化財

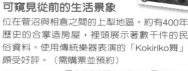

❶館內可參觀鹽硝的
歷史 ❷可實際體驗
火繩槍的重量 ❸位
在菅沼聚落

なんとしりつあいのくらみんぞくかん／あいのくらでんとうさんぎょうかん
④ 南礪市立相倉民俗館／相倉傳統產業館

網羅世界遺產・五箇山的歷史資料

民俗館展示從前的日常生活用品，產業館則是陳列著與鹽硝及養蠶產業相關的工具、民藝品等。也有播放影片解說五箇山合掌造的歷史與傳統。

民俗館☎0763-66-2732 產業館☎0763-66-2080 📍富山縣南砺市相倉352 💴門票各200日圓（2館共通350日圓）🕗8時30分〜17時 🈳無休 🚌荻町合掌聚落巴士站搭上越能巴士往高岡站46分，相倉口下車步行6分 🅿相倉合掌聚落停車場30輛（1次500日圓）
MAP P101C1

❶ 可參觀合掌造特有的閣樓房間 ❷ 介紹村民們從前生活的產業館館內

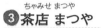

▲ MATSUYA定食1650日圓。山菜等食材視季節而定

▲ 頗受好評的喫茶店。也有販賣特產

ちゃみせ まつや
③ 茶店 まつや

品嘗五箇山的鄉土料理

位在相倉聚落的餐廳。招牌之一是MATSUYA定食，內含當地山菜蕎麥麵及炸天婦羅、鄉土料理、御飯糰等。使用手工紅豆餡的善哉480日圓也很有人氣。

☎0763-66-2631 📍富山縣南砺市相倉445 🕗8〜17時 🈳無休 🚌荻町合掌聚落巴士站搭加越能巴士往高岡站46分，相倉口下車步行5分 🅿相倉合掌聚落停車場30輛（1次500日圓）MAP P101C1

製作明信片所需時間約20分

▲ 手工抄紙製作體驗可當天報名，但建議事先預約（在店家緊鄰國道休息站）

GOAL！

約8km 12分

みちのえきたいら ごかやまわしのさと
⑤ 道の駅たいら 五箇山和紙の里

挑戰和紙的手工抄紙製作

位在道の駅たいら（國道休息站）裡的店，販賣和紙雜貨及介紹五箇山和紙歷史。也可以實際參與和紙的手工抄紙製作600日圓（1組3張）、扇子製作1200日圓等，頗受好評。

☎0763-66-2223 📍富山縣南砺市東中江215 💴門票200日圓（和紙の里ギャラリー）🕗8時30分〜17時 🈳無休 🚌荻町合掌聚落計程車40分 🅿100輛 MAP P101C2

📖 江戶時代五箇山的鹽硝在日本全國屬高品質，甚至可取代稻米進貢朝廷。

買一些能感受傳統與文化的五箇山特產品當伴手禮

五箇山和紙與五箇山豆腐、傳統樂器等，
可把五箇山的獨特文化帶回去當伴手禮。

✤ 五箇山和紙 ✤

江戶時代進貢給加賀藩，受到特別對待而發展起來。紙張厚實不易破，透光之美有一定的好評，是國家傳統工藝品。

可到這裡購買

五箇山和紙
ごかやまわし

☎0763-66-2016 ⊕富山縣南砺市下梨148 ⏰8時30分～17時 休週二（12月～黃金週前週日、假日休）🚌荻町合掌聚落搭加越能巴士往高岡站42分，下梨下車步行5分 🅿10輛 MAP P101C2

防水性能沒話講
文庫書本專用的書衣

書衣 1個1080日圓
使用蒟蒻糨糊沾黏，就算遇水也不用擔心。附和紙書籤

和紙做的人偶擺飾
樸實風格獨具魅力

五箇山立雛 1個2160日圓
將和紙弄成黏土狀做成的，乾燥後貼上和紙再上色。另有十二生肖系列

✤ 五箇山豆腐 ✤

用繩子綁著拿起來也不會碎掉，特殊的硬度為其特徵。被拿來形容豆腐有多硬的例子不少，例如豆腐都可拿來當枕頭了、不小心被豆腐絆倒指甲都掀開了等。

可到這裡購買

喜平商店
きへいしょうてん

☎0763-66-2234 ⊕富山縣南砺市上梨608 ⏰7～19時 休不定休 🚌荻町合掌聚落搭加越能巴士往高岡站38分，上梨下車步行2分 🅿7輛 MAP P101B2

只用富山縣產的大豆
古早味手工豆腐

五箇山豆腐 1塊450日圓
水分少，濃濃的大豆味全濃縮在裡頭。可燉煮或做成冷盤享用

起司般的風味！
五箇山煙燻豆腐

煙燻豆腐 1包440日圓
建議切成5～8mm薄片品嘗。沾點山葵醬油或美乃滋也很美味！

✤ 傳統樂器 ✤

流傳於五箇山上梨地區的民謠「Kokiriko歌」。一邊敲打民俗樂器「Kokiriko」與「Sasara」一邊跳舞唱歌。

可到這裡購買

おみやげ 庄八
おみやげ しょうはち

☎0763-66-2865 ⊕富山縣南砺市相倉421 ⏰9～17時 休不定休 🚌荻町合掌聚落搭加越能巴士往高岡站46分，相倉口下車步行5分 🅿無 MAP P101C1

敲打聲很清脆

Kokiriko 1對800日圓
由2支切成七寸五分（約23cm）的竹子做成之樂器。漢字可寫成「筑子」「小切子」

以特殊的波浪拍打方式發出聲音

木製Sasara 1個1800日圓～
用108片檜木板做成的樂器。波浪式拍打會發出"恰恰"的聲音

在奧飛驒溫泉鄉・下呂溫泉的旅館
享受愜意的時光

來到奧飛驒溫泉，可下榻於附有能眺望北阿爾卑斯山的絕景露天浴池，或充滿山林風情的古民宅旅館。在下呂溫泉，投宿在令人舒放身心的日式時尚旅館，品嘗溫泉街美食及享受足湯樂。

重點看過來！

1 在絕景露天浴池舒放身心
前往北阿爾卑斯山的露天浴池泡湯。在壯觀景色與舒服溫泉的雙重療效下舒放身心！

2 搭乘纜車登上雲端世界
不可錯過的觀光景點、新穗高纜車。到海拔2156公尺的高山上進行空中散步。

3 到古民宅旅館療癒心靈
由古民宅改建而成的旅館集中在福地溫泉區。暖烘烘的地爐也溫暖了心靈。

A 飛驒山椒是奧飛驒溫泉鄉的名產伴手禮 **B** 栃尾溫泉區利用溫泉熱氣栽培熱帶水果

A B

access

●高山站出發

高山濃飛巴士中心	新穗高纜車
↓ 搭乘濃飛巴士平湯・新穗高線1小時	↑ 3分
♀ 平湯溫泉	♀ 新穗高溫泉
	↑ 5分
●奧飛驒溫泉鄉當地的交通	♀ 中尾高原口
♀ 平湯溫泉	↑ 2分
↓ 6分	♀ 山のホテル前
♀ ガーデンホテル燒岳前	↑ 1分
↓ 2分	♀ 佳留萱
♀ 福地溫泉上	↑ 7分
↓ 1分	♀ 栃尾診療所前
♀ 福地溫泉下	↑ 6分
↓ 1分	♀ 福地溫泉口

在雄偉的北阿爾卑斯山環繞下享受泡湯樂趣

奧飛驒溫泉鄉

おくひだおんせんごう

是這樣的地方

平湯川及蒲田川沿岸一共有5處溫泉，分別是平湯・新平湯・福地・栃尾・新穗高。所有旅館都備有露天浴池，是日本露天浴池最多的溫泉區。溫泉街上到處都有純泡湯處及足湯，可輕鬆享受泡湯樂趣也是這裡的魅力之一。

洽詢 ☎0578-89-2614(奧飛驒溫泉鄉觀光協會) ☎0578-89-2458(奧飛驒溫泉鄉觀光服務處) **廣域MAP** 附錄背面E3～F4

岐阜縣
高山市

長野縣
松本市

新穗高溫泉

栃尾溫泉

新平湯·福地溫泉

平湯溫泉

錫杖岳

中崎山莊　奧飛驒の湯

新穗高纜車
新穗高溫泉站
鎮平高原站
白樺平站

奧飛驒溫泉鄉觀光服務處

新穗高溫泉
(巴士總站)

新穗高纜車

大木場ノ辻

西穗高口站

国立公園口
新穗高の湯
蒲田隧道

ひがくの湯
中尾高原口
山のホテル前

新穗高溫泉口

割谷山

今見

栃尾診療所前

神坂

荒神の湯
栃尾溫泉
上栃尾

奧飛驒溫泉鄉上宝

新平湯溫泉口
新平湯溫泉

往高山市上寶町

往高山市街

福地溫泉口

上地ヶ根

福地溫泉下
福地溫泉
福地溫泉上
昔ばなしの里

クマ牧場前
奧飛驒熊牧場

石動の湯
ガーデンホテル焼岳前

往上高地

大正池

梓川

往松本

白谷山

アカンダナ山

安房山

安房峠

安房隧道
安房峠道路

中の湯

輝山

平湯溫泉
平湯溫泉
(巴士總站)

神之湯 (關閉中)

湯ノ平隧道

平湯IC口

奧飛驒平湯大瀑布公園

平湯大瀑布

安房平

ほおのき平

平湯隧道

往乗鞍疊平

平湯峠

奧飛驒資訊站
備有各種旅遊導覽手冊，可里獲得最新資訊。

観光小提醒
巴士班次很少需注意！
巴士約1小時1班。有不限搭乘次數的自由乘車券，可里高山濃飛巴士中心或平湯巴士總站購買。

奧飛驒溫泉鄉

焦點地區看這裡

ひらゆおんせん
平湯溫泉
高山與各溫泉區連結的交通起點。觀光景點是飛驒三大名瀑布之一的平湯大瀑布。可至奧飛驒平湯大瀑布公園參觀。

しんひらゆ·ふくじおんせん
新平湯·福地溫泉
新平湯溫泉沿著國道471號線南北向伸展。福地溫泉多為古民宅旅館，早上有朝市。巴士每1小時往來行駛。

とちおおんせん
栃尾溫泉
附近有一條以螢火蟲聞名的蒲田川流經。旅館則多半以家庭式民宿為主。4月下旬～5月上旬會舉辦櫻花祭。

しんほたかおんせん
新穗高溫泉
許多旅館都備有能眺望北阿爾卑斯山的絕景溫泉。北阿爾卑斯山的登山口也位在這裡。溫泉區最裡頭的是纜車搭乘站。

可以品嘗美味山村晚餐
古早味十足的古民宅旅館

旅館的原木療癒氣氛及溫暖地爐令人放鬆心情。
晚餐就在地爐邊享受山菜饗宴。

福地溫泉

いろりのやど かつらぎのさと

いろりの宿 かつら木の郷

占地4000坪，所有客房都是獨棟型式。除了由150年前的富農房子改建而成的主屋外，其他5種房型的客房也都附有地爐間。無論早晚餐皆可在附有地爐的包廂中享用。

☎0578-89-1001 ●高山市奧飛驒溫泉鄉福地10 ●福地溫泉上巴士站步行3分 ●15輛 ●10間 ●1998年開業 ●泉質：碳酸氫鈉泉、單純溫泉 ●有露天浴池、有包租浴池 MAP P113B3

在寧靜空間度過悠閒時光
所有客房都採獨棟設計

晚餐菜單

使用香菇及河魚等季節性山產做成的爐端料理。主菜是飛驒牛

1 一整年都生著火的主屋地爐 2 引進2種泉源的溫泉，大浴池之外還有2間包租浴池 3 寬廣的2層樓房型

新穗高溫泉

やりみのゆ やりみかん

槍見の湯 槍見舘

位在蒲田川邊的老旅館。建築物是由200年歷史的村長宅邸改建而成的，風格簡樸卻充滿味道。除了位在河邊的混浴露天浴池「槍前之湯」，另外還有4處風格各異其趣的包租浴池（免費）。

☎0578-89-2808 ●高山市奧飛驒溫泉鄉神坂587 ●中尾高原口巴士站步行5分 ●20輛 ●15間 ●2000年10月改裝 ●泉質：單純溫泉 ●有露天浴池、有包租浴池 MAP P113B1

望見河川另一頭的槍岳
擁有引以為豪的露天浴池

晚餐菜單

大量使用山菜及紅點鮭、飛驒牛等具奧飛驒代表性的食材

1 可眺望蒲田川的客房。古老日本家屋的大樑柱充滿特有的味道 2 旅館大廳旁的地爐間 3 開放的槍見之湯可以著浴巾泡湯

福地溫泉　📷 ♨ 🍴 💻

ゆもと ちょうざ

湯元 長座

由飛驒地方及新潟縣移建過來15棟古民宅打造而成的旅館，可說是奧飛驒溫泉鄉古民宅旅館的先驅。純檜木製的館內溫泉與綠樹環繞的露天浴池等都很有特色。

☎0578-89-0099　🏠高山市奧飛驒溫泉鄉福地786　🚌福地溫泉下巴士站下車即到　🅿40輛　🛏27間　●1969年開業　●泉質：碳酸氫納泉、單純溫泉　●有露天浴池、有包租浴池

MAP P113A3

奧飛驒最具代表性的古民宅旅館

CHECK
✛1泊2食費用✛
平日、假日前日皆為
22680日圓～
✛時間✛
🕐IN14時、OUT10時30分

1 利用超過130年歷史的村長宅邸蓋成的主屋
2 綠樹環繞的女性專用露天浴池

🍽 晚餐菜單

由熟知奧飛驒口味的廚師親手調理，堅持使用當地食材做出美味料理

到處都能感受到古老的氣息

CHECK
✛1泊2食費用✛
平日、假日前日皆為
12960日圓～
✛時間✛
🕐IN15時、OUT10時

1 新館宮房的8間當中有7間附設地爐
2 附有露天浴池的大浴場「長閑之湯」

🍽 晚餐菜單

由老闆親自調理的獨家創作料理，提供三階段料理

新平湯溫泉　📷 ♨ 🍴 💻

しょうほうえん

松宝苑

主屋由120年歷史的古民宅改建而來，客房及浴室則環繞著中庭而立。大浴場裡的浴池與更衣處之間沒有隔閡，仿佛從前的溫泉療養場。另有免費的包租露天浴池。

☎0578-89-2244　🏠高山市奧飛驒溫泉鄉一重ヶ根205-128　🚌福地溫泉口巴士站下車即到　🅿20輛　🛏15間　●1999年7月改裝　●泉質：碳酸氫納泉　●有露天浴池、有包租浴池

MAP P113A3

奧飛驒溫泉鄉 ● 晚餐十分美味的古民宅旅館

福地溫泉　📷 ♨

やまざとのいおり そうえん

山里のいおり 草円

登錄為國家有形文化財的主屋是由160年歷史的飛驒古民宅移建而成的，可一窺從前奧飛驒的生活情景。3種房型都很溫馨。

☎0578-89-1116　🏠高山市奧飛驒溫泉鄉福地831　🚌福地溫泉下巴士站下車即到　🅿20輛　🛏15間　●2005年5月開業　●泉質：碳酸氫納泉　●有露天浴池、有包租浴池　**MAP** P113B3

在富農宅邸享用奧飛驒的鄉土料理

CHECK
✛1泊2食費用✛
平日19224日圓～
假日前日22460日圓～
✛時間✛
🕐IN15時、OUT11時

1 重現100年前奧飛驒生活景象的主屋
2 半露天風格的大浴場「福之湯」

🍽 晚餐菜單

燒柴煮成的白飯及用山林食材做成的料理都非常美味

📖 河魚是旅館晚餐中一定會出現的食材之一。在流經奧飛驒的蒲田川捕獲的山女魚和紅點鮭非常美味。

在以絕景露天浴池為賣點的旅館享受身心靈的放鬆

奧飛驒溫泉鄉的露天浴池數量號稱是日本第一。
可到景觀遼闊、充滿開放感的露天溫泉旅館徹底舒放身心。

新穗高溫泉
ののはなさんそう

野の花山莊

森林環繞的清幽旅館。旅館的招牌露天浴池有可望見錫杖岳的溫泉及被原生林環繞的包租戶外浴池（免費）。用餐採開放式廚房調理方式，可品嘗現烤的熱騰騰炭烤飛驒牛與鹽烤紅點鮭。

☎0578-89-0030 ⓘ高山市奧飛驒溫泉鄉神坂707 ❎中尾高原口巴士站步行30分(有接送服務，需洽詢) Ｐ30輛 ❷9間 ●2010年5月開業 ●泉質：單純溫泉 ●有露天浴池、有包租浴池 ＭＡＰP113C1

CHECK
✛1泊2食費用✛
平日、假日前日皆為
14580日圓～
✛時間✛
ⒾIN15時・OUT11時

可望見海拔超過2000公尺山脈的露天浴池

♨ 溫泉賣點 ♨
露天浴池週遭樹林環繞，可貼身感受新綠與楓紅之美。另有寬闊的混浴露天浴池。

1 女性專用大浴池的露天浴池 2 晚餐之一。主菜飛驒牛、大份量的鄉土料理等 3 在奧飛驒也首屈一指充滿祕湯味道的包租戶外浴池 4 客房是簡樸的和式房

新平湯溫泉
おくひだがーでんほてるやけだけ

奧飛驒燒岳花園飯店

以引進超深層水溫泉的露天浴池聞名，在日本全國也屬少見。溫泉顏色呈翠綠色，因此又有「鶯之湯」之美稱。客房以和式為主，另有2人房與3人房。

☎0578-89-2811 ⓘ高山市奧飛驒溫泉鄉一重ヶ根2498-1 ❎在ガーデンホテル燒岳前巴士站下車即到 Ｐ50輛 ❷85間 ●2001年開業 ●泉質：碳酸氫鈉泉 ●有露天浴池、有包租浴池 ＭＡＰP113B3

CHECK
✛1泊2食費用✛
平日15000日圓～
假日前日18000日圓～
✛時間✛
ⒾIN15時・OUT10時

除了有翠綠色的露天浴池外另有多種各式溫泉

♨ 溫泉賣點 ♨
混浴露天浴池「鶯之湯」富含礦物質和維他命，具有令人期待的美肌效果。

1 富含湯花（溫泉沉澱物）的「鶯之湯」 2 門口有一輛曾在北海道行駛的列車 3 標準和式房 4 溫泉蒸籠地爐會席料理

ⓐ流動式溫泉 ⓗ房內用餐 ⓔ有美容設施 ⓢ有禁菸房 ⓨ有大浴場 ⓟ單人入住OK ⓘ有網路

新穗高溫泉 ほたかそう さんげつ
穗高荘 山月

位在蒲田川沿岸的旅館,從客房可眺望河川及北阿爾卑斯山群峰。有附露天浴池的大浴場,以及位在館外河岸邊景色優美的混浴露天浴池與包租露天浴池(30分1000日圓、當天預約)。

☎0578-89-2036 住高山市奧飛驒溫泉鄉神坂418 交新穗高溫泉口巴士站下車即到 P80輛 客51間 ●1998年6月改裝 ●泉質:單純溫泉、有包租浴池 MAP P113B2

可欣賞奧飛驒名峰的美麗旅館

♨ 溫泉賣點 ♨
從混浴露天浴池「山峽秀綱之湯」可望見西穗高岳及涸沢岳。

CHECK
╬1泊2食費用╬
平日14000日圓〜
假日前日26000日圓〜
╬時間╬
IN15時、OUT10時

1 建造在河岸邊的混浴露天浴池 2 玄關是用樹齡500年的欅木打造而成的 3 8層樓茶寮庵的雅之間。附玄關及書齋

平湯溫泉 たくみのやど みやまおうあん
匠の宿 深山桜庵

溫馨的木造建築物有如飛驒民宅,再加上使用當地食材做成的美食以及能眺望群山的露天浴池等,是一間講究營造奧飛驒氣氛的旅館。使用飛驒家具的客房大多附有半露天浴池。

☎0578-89-2799 住高山市奧飛驒溫泉鄉平湯229 交平湯溫泉巴士站步行5分 P60輛 客72間 ●2007年4月開業 ●泉質:單純溫泉 ●有露天浴池、有包租浴池 MAP P113B4

擁有天然木和溫泉的溫馨旅館

♨ 溫泉賣點 ♨
擁有3個泉源,溫泉量非常充沛。晚間滿天星斗很漂亮。

CHECK
╬1泊2食費用╬
平日23000日圓〜
假日前日25000日圓〜
╬時間╬
IN15時、OUT11時

1 重視視覺景觀,露天浴池盡量不做屏障物 2 附有矮床寢室的和洋房 3 可品嘗特選飛驒牛

新穗高溫泉 ほたかそう やまのほてる
穗高荘 YAMANO HOTEL

旅館聞名之處是館外的絕景大露天浴池。位在蒲田川岸邊,從旅館需搭乘全長33m的登山軌道車前往。客房有沉穩氣氛的和室和寬廣的洋房。

☎0578-89-2004 住高山市奧飛驒溫泉鄉神坂577-13 交在山のホテル前巴士站下車即到 P60輛 客86間 ●1967年開業 ●泉質:碳酸氫鈉泉 ●有露天浴池、有包租浴池 MAP P113B2

搭乘小小的軌道車前往絕景露天浴池

♨ 溫泉賣點 ♨
河岸邊的露天浴池「山峽槍之湯」有女性專用・混浴・包廂露天浴池

CHECK
╬1泊2食費用╬
平日12500日圓〜
假日前日22500日圓〜
╬時間╬
IN15時、OUT10時

1 「山峽槍之湯」的女性專用露天浴池 2 從客房可遠眺北阿爾卑斯山也是旅館的賣點之一 3 可品嘗到山珍與海味

 「奧飛驒燒岳花園飯店」的鶯之湯溫泉口有一個巨大湯花塊,證明了溫泉成分十分豐富。

認識泡湯方法與效果
盡情享受泡湯樂趣

藉由泡溫泉抒放身心是旅遊的一大樂趣。
在此為大家介紹提升溫浴效果的泡湯方法。

聰明的泡湯方法

Q 1天泡湯次數與
1次泡湯時間？

A 1天泡太多次溫泉有可能會引起各種不舒服的症狀，建議最多3次。泡湯時間長短則以額頭出汗為準，較燙的溫泉約10分鐘，盡量避免長時間泡到全身都出汗。

Q 泡湯前後
需注意事項？

A 一下子就泡到溫泉裡對身體是一種負擔，建議泡湯前先將遠離心臟的腳部沖熱，泡湯後再洗身體即可。泡湯出乎想像地容易出汗，因此泡湯後記得要補充水分並做休息。

Q 要如何維持
泡湯的效果？

A 泡完溫泉起身後不要再沖澡，如此才能讓肌膚吸收溫泉成分並滲透進去以提高美膚效果。但如果肌膚較敏感的人建議沖洗避免引發皮膚炎。而且別忘了肌膚保濕。

♨ 溫泉的泉質

・單純溫泉・　　刺激少，可久泡

無色透明，成分簡單無刺激性，無論老少都能安心泡湯。因不易引發皮膚炎，也有「第一次泡湯可從單純溫泉開始」之說法。很適合病後恢復期的療養之用。

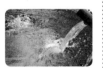

♨可來這裡泡溫泉
・いろりの宿
かつら木の郷 ☞P106
・槍見の湯 槍見館 ☞P106

・氯化物泉・　　有保濕美膚效果

鹽的成分高，味道很鹹。特徵是身體容易暖和且可維持較久。除此之外，塩的成分有如膚臉般包覆著全身肌膚，因此具有保濕美容霜的效果，最適合想保有美麗肌膚的人。

♨可來這裡泡溫泉
・奧飛驒燒岳花園飯店
☞P108

・碳酸氫鈉泉・　　可促進血液循環及具美白效果

富含碳酸氫鈉，泡湯後可感到舒爽的清潔感。具有肥皂般的效果，可幫助肌膚去除多餘角質使肌膚柔嫩。不過肌膚油脂也因此被去除，泡湯後記得要做好肌膚保養。

♨可來這裡泡溫泉
・松宝苑 ☞P107
・穗高莊 YAMANO
HOTEL ☞P109

・硫磺泉・　　帶有獨特的水煮蛋香氣

特徵是帶有強烈水煮蛋的香氣。對肌膚較刺激，不適合皮膚敏感及乾燥肌膚的人。有擴張血管功效，因此對高血壓與高血糖等有生活習慣疾病的人具效果。據說也能減緩皮膚黑斑及黯沉。

♨可來這裡泡溫泉
・中崎山莊
奧飛驒の湯 ☞P111

新穗高溫泉
しんほたかのゆ
新穗高之湯
位在壯觀的地理位置

位在蒲田川岸邊的巨大露天浴池

在流經新穗高溫泉的蒲田川旁巨石上打造出來的巨大露天浴池。設備很簡單，只有男女分開的脫衣處，但位在大自然的野外，充滿祕湯氣氛，是具代表性的奧飛驒溫泉鄉知名露天浴池。

☎0578-89-2614（奧飛驒溫泉鄉觀光協會）住高山市奧飛驒溫泉鄉新穗高溫泉 ¥約200日圓的清潔費 ⏰8～21時 休無休（11月～4月下旬休息）交中尾高原口巴士站下車即到 Ｐ20輛 MAPP113B1

▲混浴，可穿著泳裝或浴巾泡湯

新穗高溫泉
ひがくのゆ
ひがくの湯
附有豐富餐點的用餐區

總是充滿乾淨泉水的浴池

近距離欣賞錫杖岳，充滿開放感的露天浴池。溫泉為流動式，附設淋浴空間。館內另有展示鐵道的立體模型、用餐區與休息室等，可充分休憩。

▲無內湯，男女皆為露天浴池

☎0578-89-2855 住高山市奧飛驒溫泉鄉中尾442－7 ¥泡湯費700日圓 ⏰9～19時（7～10月有時間延長）休無休（12月～4月下旬休館）交平湯巴士總站搭濃飛巴士平湯・新穗高線58分，國立公園口下車即到 Ｐ70輛 MAPP113B1

福地溫泉
いするぎのゆ
石動之湯
在飛驒的古民宅泡湯

觀光景點內的純泡湯處

位在福地溫泉中央地區的「昔ばなしの里」裡頭，可悠哉地在室內浴池與露天浴池享受泡湯樂趣。古民宅的角落緊鄰著餐廳，地爐裡烤的五平餅很宥人氣。

▲有一大片窗戶的女性專用室內浴池

☎0578-89-2793（昔話の里）住高山市奧飛驒溫泉鄉福地 ¥泡湯費500日圓 ⏰10～17時（冬季～16時）休週三（另有不定期休）交福地溫泉上巴士站步行2分 Ｐ50輛 MAPP113B3

栃尾溫泉
こうじんのゆ
荒神之湯
充滿吸引力的悠閒景色

位在河岸邊的無人公共浴場

位在蒲田川河岸邊，是栃尾溫泉的簡樸公共露天浴池。除了男女有別的脫衣處及露天浴池外別無所有，但簡單的設備與週遭豐富的大自然景色引人入勝。

▲可聽到蒲田川的流水聲

☎0578-89-2614（奧飛驒溫泉鄉觀光協會）住高山市奧飛驒溫泉鄉栃尾 ¥200日圓左右隨意 ⏰8～22時（週一・週五12時～）休無休 交栃尾診療所前巴士站下車即到 Ｐ20輛 MAPP113A2

新穗高溫泉
なかざきさんそう おくひだのゆ
中崎山莊 奧飛驒之湯
奧飛驒地方稀有的白色溫泉

可同時享受2種溫泉泉質

具有歷史的山莊在2010年重新打造開幕的純泡湯設施。室內浴池是乳白色的鹼性溫泉，露天浴池則是引進硫磺泉。有餐廳提供餐飲，可在此度過悠閒時光。

▲另有飲泉及蒸氣三溫暖

☎0578-89-2021 住高山市奧飛驒溫泉鄉新穗高溫泉 ¥泡湯費800日圓 ⏰8～20時（11月～3月末～18時）休不定休 交新穗高溫泉巴士站下車即到 Ｐ14輛 MAPP113C1

搭乘新穗高纜車前往
雲端的絕景展望台

新穗高纜車從奧飛驒溫泉鄉的最裡頭，也就是北阿爾卑斯山麓出發。
乘坐2種纜車登上高山後，眼前所見的是海拔超過2100公尺的世界。

到山頂展望台
約 **30**分

第2纜車是日本唯一的雙層車廂

✦ 絕景 ✦
SPOT!

▶ 左端是槍岳等著名群峰

山頂站展望台

位在西穗高口站的山頂展望台。天氣晴朗的話可清楚望見3000公尺高的槍岳等山脈。這裡有號稱日本第一高的郵筒，一整年都提供送信服務。

◀ 位在山頂上的YAMABIKO郵筒
▼ 纜車站內商店販賣的木製明信片380日圓

新穗高溫泉
しんほたかろーぷうぇい
新穗高纜車
奧飛驒溫泉鄉的主要觀光景點

海拔1117公尺的新穗高溫泉站到海拔2156公尺的西穗高口站是由第1及第2纜車連結起來的。抵達終點西穗高口站後再往山頂展望台前進。在這裡可將登山家們最想征服的北阿爾卑斯山群峰盡收眼底。可去逛逛各纜車站的商店。

乘車區間	單程	來回
第1·2纜車	1600日圓	2900日圓
第1纜車	400日圓	700日圓
第2纜車	1500日圓	2800日圓

☎0578-89-2252 住高山市奧飛驒溫泉鄉新穗高溫泉 休無休（遇天候不佳或維修檢點時休息）交新穗高纜車巴士站下車即到 P新穗高溫泉站250輛（前6小時500日圓）、鍋平高原站450輛（1天500日圓）MAP P113C1

玄關入口的纜車站，由此搭乘第1纜車。有商店與餐廳。

☆ 第1纜車 ☆
全長573m／高低差188m
所需時間4分／最大乘載45人

步行2分

白樺平站
●海拔1308m

西穗高口站
●海拔2156m

新穗高溫泉站
●海拔1117m

由第1纜車乘降。所有纜車站中只有此站沒有商店。

鍋平高原站
●海拔1305m

第2纜車的起點。設備完善，有足湯及商店。附近有遊客中心。

☆ 第2纜車 ☆
全長2598m／高低差845m
所需時間7分／最大乘載121人

名產&伴手禮

新穗高溫泉站
山麓站商店
纜車造型巧克力Q
1000日圓
仿第2纜車車廂的獨創巧克力

白樺平站
アルプスのパン屋さん
蘋果派 **270日圓**
現烤麵包店的招牌蘋果派

西穗高口站
レストランマウントビュー
咖啡 **360日圓**
使用標高2500m附近的天然水沖泡的綜合咖啡

西穗高口站
山頂站商店
石耳
650日圓
用生長於高山岩石的石耳與木耳做成的佃煮

奥飛驒溫泉鄉 ● 新穂高纜車／奧飛驒溫泉鄉MAP

緊鄰平湯溫泉巴士站的「阿爾卑斯街道平湯（**MAP**P113B4）」的正門入口旁有一處新開業的足湯。

重點看過來！

1 到溫泉街散步

主要景點位在車站東側。走累了可到8處免費足湯休息。

2 品嘗下呂特產

用當地食材做成的特製美食令人食指大動。具代表性的美食有番茄蓋飯。

3 下榻在時尚旅館

住在奢華的旅館享受一晚。盡情泡湯美容肌膚。

盡情享受以 "美人湯" 聞名的溫泉

下呂溫泉

げろおんせん

A 可購買湯巡手形自由泡湯 B 「下呂溫泉 足湯之里ゆあみ屋」的布丁

是這樣的地方

與有馬溫泉、草津溫泉並列日本三大名湯。鹼性單純溫泉水質可讓肌膚細嫩，因此又以美人湯聞名。溫泉街上到處都有免費的足湯。午餐則可品嘗用當地食材做成的G（GERO）午餐＆G美食。

access

● 高山站出發

JR高山站

↓ 搭乘特急ワイドビューひだ
50分

JR下呂站

● 下呂溫泉當地的交通

JR下呂站

↓ 搭乘濃飛巴士往
下呂交流會館6分

♀ 合掌村

洽詢 ☎0576-25-4711
（下呂市綜合觀光服務處）
廣域MAP 附錄背面D7

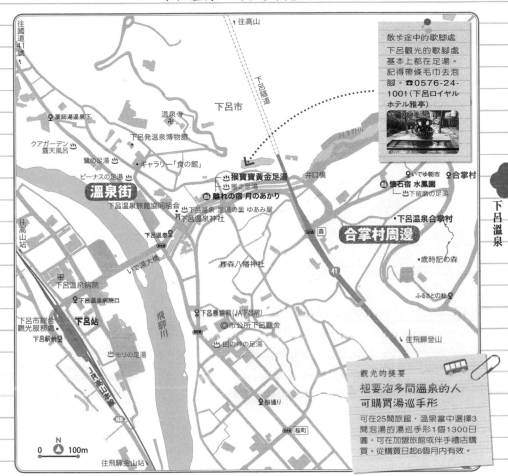

往高山

往國道41號

下呂隧道

下呂市

温泉寺

薬師湯温泉下

下呂発温泉博物館

クアガーデン
露天風呂

鷺の足湯

ギャラリー「食の館」

ビーナスの足湯

温泉街

猴寶寶黃金足湯

雅之足湯

離れの宿 月のあかり

下呂温泉旅館協同組合

下呂温泉 足湯の里 ゆあみ屋

下呂温泉神社

下呂温泉

いで湯大橋

下呂温泉病院

下呂温泉病院口

下呂站

下呂市綜合
觀光服務處

下呂駅前

飛驒川

森八幡神社

森

井口橋

阿多野川

いでゆ朝市　合掌村

懐石宿 水鳳園

下留前の足湯

合掌村周邊

下呂温泉合掌村

歳時記の森

往飛驒金山

ふるさとの杜

41

下呂農協前（JA下呂前）

市公所下呂廳舍

田の神の足湯

モリの足湯

88

桜通り

桜町

往飛驒金山站

0　100m
N

散步途中的歇腳處

下呂觀光的歇腳處基本上都在足湯。記得帶條毛巾去泡腳。☎0576-24-1001（下呂ロイヤルホテル雅亭）

觀光的提要
想要泡多間溫泉的人可購買湯巡手形

可在25間旅館‧溫泉當中選擇3間泡湯的湯巡手形1個1300日圓。可在加盟旅館或伴手禮店購買。從購買日起6個月內有效。

下呂溫泉

焦點地區看這裡

溫泉街
おんせんがい

下呂溫泉位在岐阜縣中央山區。溫泉街沿著飛驒川一路延伸，最主要地段在飛驒川東側的阿多野川沿岸。

合掌村周邊
がっしょうむらしゅうへん

下呂溫泉合掌村是下呂溫泉的重要觀光景點，乃將合掌造房屋移建而成的，可感受以前的生活景象。從車站步行前往約需20分。

方便的觀光交通工具

下呂溫泉過夜後隔天可前往白川鄉

從下呂溫泉到白川鄉的巴士1天1班次。9時30分從下呂溫泉出發，經由高山前往白川鄉，11時40分抵達白川鄉。單趟車資3090日圓。
☎0577-32-1688
（濃飛巴士預約中心）

散步在下呂溫泉街上的純泡湯處及足湯

所需時間
半天

想要輕鬆無負擔地享受下呂的名湯，那就得善用街上隨處可見的純泡湯處及足湯。好好地度過溫泉街的半日遊，盡情玩樂並大啖美食吧。

1 START!

下呂站
搭乘巴士6分

合掌造房屋的
博物館

❶ 這裡有許多大家熟悉的三角屋頂房屋
❷ 利用人偶重現從前的生活景象

這裡也值
得參觀

全日本第一座皮影戲劇場
合掌村內的「白鷺座」
以皮影戲表演各種民間
古老故事。

2 橡木果香氣十足的
軟綿綿戚風蛋糕

▶鬆軟的蛋
糕與橡木果
香非常契合

3 共有6種泡湯槽可
讓肌膚光滑細緻

▲除了有大小2個溫泉槽，另外還有3個壺湯

---

 1 げろおんせんがっしょうむら
下呂溫泉合掌村

日本的古老景觀

從白川鄉等地移建10棟合掌造房屋打造而成的景點。村內分成皮影戲劇場與體驗工房的「合掌之里」，以及擁有長175m溜滑梯的「歲時記之森」2個區域。

☎0576-25-2239 住下呂市森2369 ¥門票800日圓 ⏰8時30分～17時 休無休 交JR下呂站搭濃飛巴士往下呂交流會館6分，合掌村下車即到 P200輛 MAP P117B1

 2 せんじゅどうほんてん
千壽堂本店

下呂溫泉的甜點老店

堅持使用飛驒地方產橡木果的甜點店。店內可看到橡木果煎餅的實際製作影像。加了橡木果的戚風蛋糕1個1200日圓，是結合日式與西式口味的推薦甜點。

☎0576-25-4562 住下呂市森2557-4 ⏰8～17時 休無休 交合掌村巴士站步行13分 P5輛 MAP P117B1

 3 くあがーでんろてんぶろ
クアガーデン
露天風呂

各種設備齊全的露天浴池

有沖拍式溫泉、蒸箱、泡沫溫泉、壺湯等6種浴池，全都是露天浴池。水質屬鹼性單純溫泉，溫泉為流動式且提供免費休息室，是一處值得造訪的地方。

☎0576-24-1182 住下呂市湯之島894-2 ¥泡湯費700日圓 ⏰8～21時 休週四 交JR下呂站步行10分 P40輛 MAP P117A1

④

品嘗G午餐&G美食

"G"是GERO（下呂）·Group·Generator的意思，意指受到下呂推薦的料理。「ギャラリー食の館」有展示各種料理模型 ☎0576-25-5522（下呂商工會） MAP P117A1

飛驒牛與番茄
簡直是絕配

GOAL!

下呂站下車
步行即到

在下呂溫泉輕鬆
保養肌膚

◀下呂溫泉みすと（化妝水）80g（小）1300日圓、200g（大）2600日圓。市內各地的商店及旅館皆可購得

❶ 飛驒牛番茄蓋飯1300日圓。附味噌湯與甜點 ❷ 以白色為基調的時尚餐廳

⑤

到24小時開放的
足湯消除疲勞

❶ 高人氣的溫泉蛋霜淇淋410日圓。香草霜淇淋與溫泉蛋一起混著吃 ❷ 用店內的溫泉將布丁連同瓶子一起溫熱1個360日圓，也是人氣商品 ❸ 半圓形的足湯

⑥

往高山

N 200m

往高山

下呂隧道

下呂溫泉
湯之島館 P.119
ギャラリー
食の館 P.117

溫泉寺
蔵の足湯

往萩原

④ブラン・デュ・エトワール
こころをなでる
静寂 みやこ P.118

❷ 千寿堂本店
合掌村

❶ 下呂溫泉
合掌村

⑤ 下呂溫泉
足湯の里 ゆあみ屋

J クアガーデン
露天風呂

❹離れの宿
月のあかり P.118

下呂溫泉旅館協同組合
いで湯
朝市 大橋

讀書池

41

往飛驒金山

下呂市公所
下呂巴士總站（JR下呂前）

下呂站

JR高山本線

飛驒川

六ツ見橋

湯あそびの宿
下呂觀光
ホテル本館 P.119

JR下呂站前

88

❻ 西尾商店

今宵 天空に
遊ぶ しょうげつ
P.119

下呂市綜合観光導覧所

往飛驒金山站

A **B**

ぶらん・でゅ・えとわーる
④ ブラン・デュ・エトワール

受女性歡迎的飛驒牛料理

菜色只有3種，都是使用飛驒牛的美食。其中一道是很有人氣的飛驒牛番茄蓋飯，被列為「G美食」（下呂美食的暱稱），牛肉的甜辣味與番茄的酸味讓人吃了就上癮。

☎0576-25-2382 ⊕下呂市湯之島789 ⊕11〜17時 ㊡不定休 ㊢JR下呂站步行10分 Ⓟ3輛 MAP P117A1

げろおんせん あしゆのさと ゆあみや
⑤ 下呂溫泉 足湯の里 ゆあみ屋

利用免費的足湯來消除疲勞

這是一家備有足湯的咖啡＆伴手禮店。著名的溫玉霜淇淋是在玄米脆片與香草霜淇淋上加了一顆溫泉蛋，可以一邊泡足湯一邊品嘗。

☎0576-25-6040 ⊕下呂市湯之島801-2 ⊕9〜21時（12〜3月〜18時30分、足湯自由使用） ㊡無休（有臨時休息） ㊢JR下呂站步行7分 Ⓟ無 MAP P117B1

にしおしょうてん
⑥ 西尾商店

車站前的咖啡廳＆伴手禮店

兼營餐廳的伴手禮店。推薦的伴手禮有使用100%下呂溫泉泉源的無添加化妝水，以及下呂溫泉みすと。具滋潤肌膚效果，可在化妝前後做保濕。

☎0576-25-5259 ⊕下呂市幸田1391-1 ⊕8〜17時 ㊡每月底的最後平常日 ㊢JR下呂站下車即到 Ⓟ無 MAP P117A2

下呂溫泉 ● 散步在下呂溫泉街上的純沟湯處及足湯

在雅致的悠閒旅館
盡情享受美人湯

下呂溫泉的水質溫潤，有"美人湯"之稱而聞名。
下榻在日式時尚的雅致溫泉旅館，享受奢華的時光。

はなれのやど つきのあかり
離れの宿 月のあかり

全部客房除了採獨棟設計，還皆附有露天浴池、室內浴池、足湯等設備，是一間極具奢華的旅館。溫泉更是下呂少數的自家泉源，配合私密的空間，為客人提供最上等的服務。

☎0576-24-1005 住下呂市湯之島758-15 交JR下呂站步行5分(有接送服務，定時發車) P40輛 客8棟 ●2007年12月開業 ●泉質：鹼性單純溫泉 ●有露天浴池、有包租浴池 MAP P117B1

飯店特點

✦ 包租岩盤浴
另有45分1500日圓的包租岩盤浴。

在綠意環繞的獨棟旅館
獨享露天浴池

CHECK
✦1泊2食費用✦
平日37150日圓～
假日前日43150日圓～
✦時間✦
IN15時、OUT10時30分

1 DELUXE房型1晚附2餐46150日圓～ 2 全棟皆附設露天浴池。圖片是DELUXE房型的露天浴池，以美濃石打造而成 3 晚餐之一。早晚餐都在獨自的料享享用

こころをなでるせいじゃく みやこ
こころをなでる静寂 みやこ

地理位置遠離溫泉街很幽靜，有本館及4棟獨棟房型。在大自然的包圍下，有下呂名湯的庭園露天浴池及免費的包租浴池。晚餐是鄉土味十足的懷石料理。

☎0576-25-3181 住下呂市森2505 交JR下呂站搭計程車5分(有接送服務，需預約) P20輛 客19間 ●1967年12月開業 ●泉質：鹼性單純溫泉 ●有露天浴池、有包租浴池 MAP P117B1

飯店特點

✦ 大人的閱讀室
本館設有閱讀室。從集結到小說約有2000本藏書。

眺望庭園的四季風景
享受寧靜的片刻

CHECK
✦1泊2食費用✦
平日21600日圓～
假日前日24840日圓～
✦時間✦
IN15時、OUT10時

1 大浴場之一的庭園露天浴池。池底下鋪滿備長炭 2 晚餐是鄉土風濃厚的懷石料理 3 4 棟獨棟房型也皆附有露天浴池

流動式溫泉 房內用餐 有美容設施 有禁煙房 有大浴場 單人入住OK 有網路

今宵 天空に遊ぶ しょうげつ
こよい てんくうにあそぶ しょうげつ

可從客房及大浴場俯瞰下呂市街。1層樓僅3間的客房為2間打通，其中5間客房設有露天浴池。2處溪畔的包租露天浴池很頗受好評。

☎0576-25-7611 住下呂市幸田1113 交JR下呂站計程車5分(有接送服務，需事先連絡) P15輛 露21間 ●2004年改裝 ●泉質：鹼性單純溫泉 ●有露天浴池、有包租浴池 MAP P117A2

可眺望下呂市街與河川 享受絕景與名湯

飯店特點
包廂料亭「水琴亭」
可在茶室風格的包廂料亭「水琴亭」享用隨季節變化的懷石料理。

CHECK
÷1泊2食費用÷
平日31470日圓～
假日前日36870日圓～
÷時間÷
IN14時、OUT11時

① 大浴場的露天浴池 ② 附房間的露天浴槽使用的是陶瓷及檜木。室內採白色木走日式時尚風格

下呂溫泉 湯之島館
げろおんせん ゆのしまかん

昭和6年（1931）創業的老旅館，本館與走廊、玄關等都被登錄為國家有形文化財。本館的客房走復古風，另有純檜木打造的獨棟附專用浴池的客房，保有隱私的空間頗獲好評。晚餐是在客房享用以當地食材做成的會席料理。

☎0576-25-4126 住下呂市湯之島645 交JR下呂站計程車5分(有接送服務，隨時發車) P50輛 露67間 ●1931年開業 ●泉質：鹼性單純溫泉 ●有露天浴池、有包租浴池 MAP P117A1

下榻於彰顯飛驒傳統工藝的國家有形文化財

飯店特點
可望見群山的露天浴池
大浴場的露天浴池視野之佳是旅館最引以為傲的地方。採每天男女湯互換制。

CHECK
÷1泊2食費用÷
平日17400日圓～
假日前日20100日圓～
÷時間÷
IN15時、OUT11時

① 高格調的純檜木客房 ② 天皇陛下也曾下榻過的老旅館

湯あそびの宿 下呂観光ホテル本館
ゆあそびのやど げろかんこうほてるほんかん

位在高地視野非常棒的旅館。沿著溪流共有7個包租露天浴池（45分3024日圓），如陶磁湯、茶釜湯等十分有特色。可自己動手火烤原木香菇及飛驒牛的會席料理也很有人氣。

☎0576-25-3161 住下呂市萩原町西上田2148-1 交JR下呂站計程車5分(有接送服務，定時發車) P40輛 露47間 ●1967年10月開業 ●泉質：鹼性單純溫泉 ●有露天浴池、有包租浴池 MAP P117A2

在多樣的包廂露天浴池感受四季變化

飯店特點
提供精油免費使用服務
10種類以上的精油都可免費出借使用。出租浴衣也有20種以上。

CHECK
÷1泊2食費用÷
平日12950日圓～
假日前日19950日圓～
÷時間÷
IN15時、OUT10時

① 可欣賞新綠或楓紅的包租露天浴池之一「風之湯」 ② 可一窺下呂溫泉的客房

「下呂溫泉 湯之島館」為了讓房客能愉快地欣賞旅館各設施，特別舉辦住宿者蓋章活動。

前往飛驒高山・白川鄉的交通方式

交通主要方式為利用東海道北陸自動車道與高速巴士。
從名古屋前往還可搭乘JR特急列車。從東京・大阪也有直達高山的巴士。

利用鐵道・高速巴士・開車前往

從主要都市搭乘直達巴士抵達的地方是高山與飛驒古川。除此之外，從名古屋有直達白川鄉及
郡上八幡的巴士、從東京則可直達奧飛驒溫泉鄉。欲到其他地區就得先前往高山或名古屋後，再轉搭路線巴士。

往高山

	東京站	🚄新幹線「のぞみ」	名古屋站轉車	JR「特急ワイドビューひだ」	高山站
		4小時15分／14920日圓／1小時1班(特急ワイドビューひだ)		
東京出發	新宿站	🚆JR「特急スーパーあずさ」・「あずさ」	松本站轉車／松本BT	🚌ARUPIKO交通	高山濃飛BC
		5小時25分／10090日圓／1小時1~2班(特急スーパーあずさ・あずさ)／1天6班(ARUPIKO交通)			(高山站旁)
	新宿南口高速BT	🚌京王電鐵巴士	5小時30分／6690日圓／1天6班(夏季夜班車23:00新宿發車7班次)	
往高山	高井戸IC	🚗中央道(松本IC)~國道158號~安房峠道路~國道158號	約5小時／5840日圓／289km	高山
	名古屋出發	🚆JR「特急ワイドビューひだ」	2小時25分／6030日圓／1小時1班	高山
	名鐵BC	🚌JR東海巴士・名鐵巴士(飛驒高山號)	高山濃飛BC	
		2小時40分／2980日圓／1天9班 ※另有名鐵岐阜站BT→高山BC(岐阜巴士／2小時／2570日圓／1天5班)	
	小牧IC	🚗名神高速~東海北陸道~高山清見道路	約2小時20分／3420日圓／146km	高山
大阪出發	新大阪站	🚄新幹線「のぞみ」	名古屋站轉車	JR「特急ワイドビューひだ」	高山站
		3小時30分／10810日圓／1小時1班(特急ワイドビューひだ)		
	大阪站	🚆JR「特急ワイドビューひだ25號」	4小時13分／8300日圓／1天1班(大阪站7:58發車／周六・日8:02)	高山站
	大阪難波(OCATビル)	🚌近鐵巴士	5小時37分／4700日圓／1天3班(大阪難波7:35・8:50・16:00發車) ※可在東梅田上下車	高山濃飛BC
	吹田IC	🚗名神高速~東海北陸道~高山清見道路	約3小時50分／6330日圓／288km	高山

往白川鄉

東京出發	東京站	🚄新幹線「のぞみ」	名古屋站轉車／名鐵BC	岐阜巴士	
		4小時45分／14690日圓／1天2班(岐阜巴士) 搭乘東京站7:00・9:00發車的(のぞみ)可接上巴士		
	高井戸IC	🚗中央道(松本IC)~國道158號~安房峠道路~國道158號·41號~高山清見道路~(飛驒清見IC)東海北陸道		
		約6小時／7060日圓／355km		
名古屋出發	名鐵BC	🚌岐阜巴士	2小時45分／3600日圓／1天2班(名鐵BC9:00・11:00發車)	白川鄉(鳩谷)
	小牧IC	🚗名神高速~東海北陸道	約2小時05分／4280日圓／156km	
大阪出發	新大阪站	🚄新幹線「のぞみ」	名古屋站轉車／名鐵BC	🚌岐阜巴士	
		4小時05分／10160日圓／1天2班(岐阜巴士) 搭乘新大阪站7:37・9:37發車的(のぞみ)可接上巴士		
	吹田IC	🚗名神高速~東海北陸道	約3小時50分／7120日圓／298km	

往新穗高・奧飛驒溫泉鄉

東京出發	新宿站	🚆JR「特急スーパーあずさ」・「あずさ」	松本站轉車／松本BT	🚌ARUPIKO交通	
		5小時05~20分／9780日圓／1小時1~2班(特急スーパーあずさ・あずさ)／1天2班(ARUPIKO交通)夏季(7月中旬~8月下旬)興冬季(12月中旬~2月中旬的週六・日・假日)預定發車 搭乘新宿站7:00・12:00發車的(スーパーあずさ)接上巴士		
	新宿西口高速BT	🚌京王電鐵巴士	平湯溫泉轉車	🚌濃飛巴士	
		5小時22分／6750日圓／1天5班(京王電鐵巴士)／1小時1班(濃飛巴士)		
	高井戸IC	🚗中央道(松本IC)~國道158號~安房峠道路~國道471號~縣道475號	約4小時40分／5840日圓／272km	新穗高溫泉
名古屋出發		🚆JR「特急ワイドビューひだ」	高山站轉車／高山濃飛BC	🚌濃飛巴士	
		4小時30分／8190日圓／1小時1班(特急ワイドビューひだ)／1小時1班(濃飛巴士)		
	小牧IC	🚗名神高速~東海北陸道(飛驒清見IC)~高山清見道路~國道41號·158號·471號~縣道475號		
		約4小時／3420日圓／204km		
大阪出發	新大阪站	🚄新幹線「のぞみ」	名古屋站轉車	JR「特急ワイドビューひだ」	高山站轉車／高山濃飛BC	🚌濃飛巴士
		5小時50分／12970日圓／1小時1班(特急ワイドビューひだ)／1小時1班(濃飛巴士)		
	吹田IC	🚗名神高速~東海北陸道(飛驒清見IC)~高山清見道路~國道41號·158號·471號~縣道475號		
		約5小時50分／6330日圓／346km		

往飛驒古川

出發地	出發站	路線	抵達站
東京出發	東京站	🚄新幹線「のぞみ」→ 名古屋站轉車 → JR「特急ワイドビューひだ」／4小時30分／15130日圓／1天5班(特急ワイドビューひだ)	飛驒古川站
	高井戶IC	🚗中央道(松本IC)～國道158號～安房峠道路～國道158號・41號／約5小時35分／5840日圓／305km	飛驒古川
名古屋出發	名古屋站	🚄JR「特急ワイドビューひだ」／2小時50分／6030日圓／1天5班(特急ワイドビューひだ)	飛驒古川站
	小牧IC	🚗名神高速～東海北陸道(飛驒清見IC)～卯之花街道(縣道90號)／約2小時30分／3420日圓／152km	飛驒古川
大阪出發	新大阪站	🚄新幹線「のぞみ」→ 名古屋站轉車 → JR「特急ワイドビューひだ」／3小時50分／11030日圓／1天5班(特急ワイドビューひだ)	飛驒古川站
	大阪站	🚄JR「特急ワイドビューひだ25號」→ 高山站轉車 → JR「特急ワイドビューひだ5號」／4小時31分／8730日圓／1天1班(大阪站7:58發車／週六・假日8:02)	飛驒古川站
	吹田IC	🚗名神高速～東海北陸道(飛驒清見IC)～卯之花街道(縣道90號)／約4小時20分／6330日圓／294km	飛驒古川

往郡上八幡

出發地	出發站	路線	抵達站
東京出發	東京站	🚄新幹線「のぞみ」→ 名古屋站轉車 → JR「特急ワイドビューひだ」→ 美濃太田站轉車 → 長良川鐵道／4小時／14050日圓／1小時1班(特急ワイドビューひだ)／1天12班(長良川鐵道)	郡上八幡站
	高井戶IC	🚗中央道～東海環狀道～東海北陸道 約5小時／9270日圓／385km	郡上八幡
名古屋出發	名古屋站	🚄JR「特急ワイドビューひだ」→ 美濃太田站轉車 → 長良川鐵道／2小時10分／4190日圓／1小時1班(特急ワイドビューひだ)／1天12班(長良川鐵道)	郡上八幡站
	名鐵BC	🚌JR東海巴士・名鐵巴士(飛驒高山號)／1小時28分／1850日圓／1天9班 ※另有名鐵岐阜站BT～郡上八幡(岐阜巴士／1小時20分／1520日圓／1天1班)	郡上八幡
	小牧IC	🚗名神高速～東海北陸道 約55分／2090日圓／73km	郡上八幡
大阪出發	大阪站	🚄JR「特急ワイドビューひだ」→ 美濃太田站轉車 → 長良川鐵道／5小時／7380日圓／1天1班(大阪站7:58發車／週六・假日8:02) ※到名古屋可搭乘新幹線「のぞみ」3小時20分／9840日圓／1小時1班(特急ワイドビューひだ)	郡上八幡站
	大阪難波	🚌近鐵巴士／4小時11分／3300日圓／1天3班(大阪難波17:35、18:50、19:00發車)※東梅田也可上下車	郡上八幡
	吹田IC	🚗名神高速～東海北陸道 約2小時40分／5270日圓／215km	郡上八幡

往下呂溫泉

出發地	出發站	路線	抵達站
東京出發	東京站	🚄新幹線「のぞみ」→ 名古屋站轉車 → JR「特急ワイドビューひだ」／3小時35分／13880日圓／1小時1班(特急ワイドビューひだ)	下呂站
	高井戶IC	🚗中央道(中津川IC)～國道257號 約5小時20分／6890日圓／342km	下呂
名古屋出發	名古屋站	🚄JR「特急ワイドビューひだ」／1小時45分／4620日圓／1小時1班	下呂站
	小牧IC	🚗國道41號 2小時55分／93km	下呂
大阪出發	新大阪站	🚄新幹線「のぞみ」→ 名古屋站轉車 → JR「特急ワイドビューひだ」／2小時45分／9780日圓／1小時1班(特急ワイドビューひだ)	下呂站
	大阪站	🚄JR「特急ワイドビューひだ」／3小時29分／7330日圓／1天1班(大阪站7:58發車／週六・假日8:02)	下呂站
	吹田IC	🚗名神高速～東海北陸道(郡上八幡IC)～國道256號・41號／約4小時20分／5270日圓／267km	下呂

※藍字為收費路段

鐵道
●JR東海 ☎050-3772-3910
●JR西日本 ☎0570-00-2486
●JR東日本 ☎050-2016-1600
●長良川鐵道 ☎0575-23-3921

高速巴士
●京王電鐵巴士 ☎03-5376-2222
●JR東海巴士 ☎052-563-0489
●名鐵巴士 ☎052-582-0489
●近鐵巴士 ☎06-6772-1631
●ARUPIKO交通(松本) ☎0263-35-7400
●濃飛巴士 ☎0577-32-1688
●岐阜巴士 ☎058-240-0489

飛機
●全日空(ANA) ☎0570-029-222
●日本航空(JAL) ☎0570-025-071
●SKY MARK(SKY) ☎0570-051-330
●IBEX Airlines(IBX) ☎0120-686-009 ☎03-6741-6688

從機場的交通
●名鐵(名古屋鐵道) (從中部國際機場出發的鐵道) ☎052-582-5151 (名鐵旅客服務中心)

小提醒　也可搭飛機前往 ✈

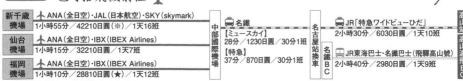

機場	飛機	中部國際機場	名古屋站換車	抵達
新千歲機場	✈ANA(全日空)・JAL(日本航空)・SKY(skymark)／1小時55分／42210日圓(※)／1天16班	🚌名鐵【ミュースカイ】28分／1230日圓／30分1班	🚄名鐵BC → JR「特急ワイドビューひだ」2小時30分／6030日圓／1天10班	高山站
仙台機場	✈ANA(全日空)・IBX(IBEX Airlines)／1小時15分／32210日圓／1天7班	【特急】37分／870日圓／30分1班	🚌JR東海巴士・名鐵巴士(飛驒高山號)2小時40分／2980日圓／1天9班	高山濃飛BC
福岡機場	✈ANA(全日空)・IBX(IBEX Airlines)／1小時10分／28810日圓(★)／1天12班			

◎淡季單趟票價內含國內線旅客設施使用費。　※SKY票價為28000日圓　★IBX＝27810日圓(2014年10月時)

飛驒高山・白川鄉當地的交通方式

除了搭乘電車或巴士外無其他交通工具,且發車班次有限,
不適合大範圍的移動。從金澤也可前往白川鄉。

搭乘鐵道及巴士

高山市街用走的也能繞完。從高山往奧飛驒溫泉鄉、白川鄉方面的巴士班次很多十分方便。
另有發行各種優惠票,如可搭乘巴士與纜車的自由乘車券等。

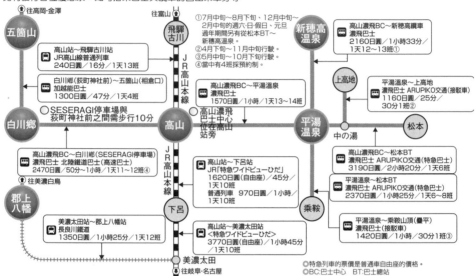

①7月中旬~8月下旬、12月中旬~
2月中旬的週六・日・假日、元旦
過年期間另有從本BT~
新穗高纜車。
②4月中旬~11月中旬行駛。
③5月中旬~10月下旬行駛。
⑤當中有4班採預約制。

○SESERAGI停車場與
荻町神社前之間需步行10分

◎特急列車的票價是普通車自由座的價格。
◎BC:巴士中心 BT:巴士總站

鐵道
●JR東海
☎050-3772-3910
●長良川鐵道
☎0575-23-3921

巴士・纜車・其他
●濃飛巴士(高山營業所)
☎0577-32-1160
●濃飛巴士(高山濃飛巴士中心)
☎0577-32-1688

●加越能巴士(高岡營業所)
☎0766-22-4888
●北陸鐵道巴士
☎076-234-0123

●ARUPIKO交通(松本巴士總站)
☎0263-32-0910
●ARUPIKO交通
☎0263-35-7400

小提醒 善加利用優惠票

■高山&新穗高2日自由乘車券 (濃飛巴士)

2天內可自由搭乘高山站前~平湯溫泉、新穗高溫泉之間的路線巴士。

有效期間 2天　票價 4110日圓　販售處 高山濃飛巴士中心　洽詢處 濃飛巴士 ☎0577-32-1688

■高山市內1日自由乘車券 (濃飛巴士)

可搭乘繞行高山觀光景點的「猴寶寶巴士」與「街道巴士」

有效期間 1天　票價 620日圓　販售處 高山濃飛巴士中心　洽詢處 濃飛巴士 ☎0577-32-1688

小提醒 也可搭乘定期觀光巴士遊覽白川鄉・五箇山

(2014年12月現在)

行程名	參觀景點・發車時刻	營業期間	票價
五箇山・相倉與白川鄉	高山濃飛巴士中心8:30發車→五箇山相倉合掌聚落(參觀)→城山展望台(午餐)→白川鄉(參觀)→15:10回到高山濃飛巴士中心	每天	6690日圓(含餐費)
五箇山・菅沼與白川鄉	高山濃飛巴士中心10:30發車→五箇山菅沼合掌聚落(參觀)→城山展望台(午餐)→白川鄉(參觀)→16:00回到高山濃飛巴士中心	每天	6690日圓(含餐費)

【濃飛巴士】☎0577-32-1688(預約制)

🌸 租車自駕觀光

高山市區有不少市營停車場，可停車下來步行參觀。如果觀光目的想以高山・白川鄉為主，需注意有許多狹窄的小路以及彎曲道路，開車得多加小心。

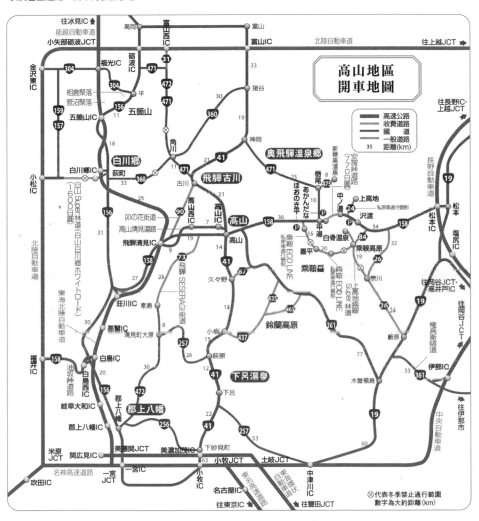

高山地區
開車地圖

圖例：
高速公路
收費道路
國　道
一般道路
35　距離(km)

⊗代表冬季禁止通行範圍
數字為大約距離(km)

交通資訊 ● 飛驒高山・白川鄉當地的交通

租車

● 站前租車
☎0800-888-4892
● TOYOTA租車
☎0800-7000-111
● NIPPON租車
☎0800-500-0919

● 日產租車
☎0120-00-4123
● Times Car租車
☎0120-00-5656
● ORIX租車
☎0120-30-5543

道路資訊

日本道路交通資訊中心
● 北陸道・東海北陸道資訊
☎050-3369-6767
● 東海地方高速資訊
☎050-3369-6766
● 岐阜資訊
☎050-3369-6621

● 中部地方・愛知資訊
☎050-3369-6623
NEXCO中日本旅客中心
☎0120-922-229
☎052-223-0333

遊逛飛驒高山・白川鄉前的相關小知識

出發旅遊前，可先了解一些曾以飛驒高山為背景的小說與電影。
另外也為您介紹特產酒及工藝品、各種活動＆祭典資訊。

外景地

如繪畫般的街景往往成為動畫舞台背景或日劇、電影的外景拍攝地。

日枝神社

第一代藩主金森長近在築高山城時，將之立為守護神的神社。動畫『冰菓』第20集「新年快樂」的「荒楠神社」就是這裡。參道的石階、鳥居、社務所、拜殿都成為動畫場景。

DATA ☞P41

飛驒古川的老街

白壁土藏與格子窗的商店林立，飛驒古川充滿復古風情的魅力。這裡也因成為NHK晨間小說連續劇『さくら』的外景拍攝地而一躍成名。開場出現的是瀨戶川，創業於江戶時代的「三嶋和蠟燭店（☞P125）」也是拍攝場景之一。

DATA ☞P82

吉田川上的新橋

吉田川流經郡上八幡市街中心，是長良川最大的支流。從橫跨吉田川的新橋欄杆上往河川一躍而下是當地人的必經儀式，也透過電影『サトラレ』呈現其原貌。另外吉田川沿岸的遊步道也在電影中登場。

☎0575-67-0002(郡上八幡觀光協會)
MAP P85

知名特產酒

飛驒地方從江戶時代中期起便開始釀酒的酒窖。一共有12間。

鬼ころし怒髮衝天辛口

720mℓ 1360日圓

名稱的由來據說是因為辣到都可以把鬼殺掉了。屬口味超辣且濃烈的酒。
老田酒造店 ☎0577-32-0166
MAP P81D2／附錄表D2

山車上撰辛口

720mℓ 1030日圓

喝進口裡的瞬間，米的甜味與香氣立刻蔓延開來的純米酒。口感非常好，易入口。
原田酒造場 ☎0577-32-0120
MAP P81D3／附錄表D5

氷室 **720mℓ 1960日圓**

辣味中帶有水果香與微甜口感，是很受女性喜愛的酒。需冷藏。
二木酒造 ☎0577-32-0021
MAP P81E2／附錄表E2

知名工藝品

可買一些由熟練職人製作的傳統工藝品當伴手禮。郡上八幡是食品模型的發源地。

飛驒春慶

在檜木及橡木塗上透明漆製成的。具有透明感，可顯出木紋之美。
山田春慶店 ☞P63

生掛和蠟燭

利用木蠟樹果實等天然原料做成的手工蠟燭。蠟經過多次均勻地塗抹上去，因此十分持久。
三嶋和蠟燭店 ☎0577-73-4109 **MAP** P83

食品模型

將蠟放進熱水裡軟化之後成型，之後再用冷水冷卻固定即完成。
食品サンプル創作館
さんぷる工房
☎0575-67-1870 **MAP** P85

活動・祭典

如能配合各季節的活動以及當地傳統祭典期間造訪，旅途必能更加充實。

4月14・15日 山王祭（春天高山祭）（さんのうまつり）

日枝神社的例行祭典。豪華燦爛的12座神輿登場，將小鎮點綴得華麗繽紛。有3台神輿會進行機關人偶表演。

☎0577-32-3333（高山市觀光客）
地點 高山市中心區（☞P40）

4月19・20日 古川祭（ふるかわまつり）

舉辦男子攻防戰的「起太鼓」儀式，以及9座神輿進行的神輿繞境活動，具有動與靜兩種面貌。

☎0577-74-1192（飛驒市觀光協會）
地點 飛驒市古川町 MAP P83

2015年是7月11日～9月5日 郡上舞祭（ぐじょう）

約有400年歷史的盆舞。一共舉辦32晚，祭典期間之長有日本第一盆舞之稱。

☎0575-67-0002（郡上八幡觀光協會）
地點 郡上市八幡町（☞P86）

10月9・10日 八幡祭（秋天高山祭）（はちまんまつり）

櫻山八幡宮的例行祭典。高山祭的神輿機關人偶表演中難度最高的布袋台機關人偶供奉絕不容錯過。

☎0577-32-3333（高山市觀光課）
地點 高山市中心區（☞P42）

10月14～19日 濁酒祭（まつり）

白川八幡宮、鳩谷八幡神社、飯島八幡神社的例行大祭典。可暢飲在神社境內釀造的濁酒。

☎05769-6-1013（白川鄉觀光協會）
地點 白川村各神社 MAP P99B1・3・4

花卉

日本的各市鎮都會指定鄉土花卉。在此介紹5個地區的花卉。

小葉三葉杜鵑（高山市）

生長在野山的落葉樹，高約2～3m。4～5月會綻放紫紅色花朵。

水芭蕉（飛驒市）

屬里芋科的多年草，在濕地自生。開花時期為春末至夏初。

日本辛夷花（郡上市）

初春時會在枝頭綻放許多直徑6～10公分的白色花朵。別名「田打ち桜」

白山石楠花（白川村）

6月下旬～8月開花。白色與淡紅色的花朵，內側有綠色斑點。

皐月杜鵑（下呂市）

生長在岩石間的花。一到初夏便會綻放成淡紅色。

方言

可學習一些飛驒地方的方言。接觸當地自古以來的語言也是旅遊的樂趣之一。

ごっつぉ…饗宴
くりょ…請～
そしゃな…再見
ためらう…請保重
まめけな（まめなかな）…你好嗎
しみる（しびる）…很冷
こわい（こうぇぇ）…害羞、擔心

高山

🔵 觀光景點 🔴 寺社 🟣 遊玩景點 🟠🟡 餐廳・用餐處 🔴 居酒屋・酒吧 🔵 咖啡廳・喫茶 🟢 伴手禮店・商店 🟤 住宿設施 ⚫ 純泡湯處

【 叩叩日本系列 4 】
飛驒高山白川鄉

國家圖書館出版品預行編目（CIP）資料

飛驒高山.白川鄉 / JTB Publishing, Inc.
作；尤淑心翻譯. ── 第一版.
-- 新北市：人人, 2015.07
面；公分. ──（叩叩日本）
ISBN 978-986-461-000-6（平裝）
1.旅遊 2.日本岐阜縣

731.7449　　　　　　104010455

JMJ

作者／JTB Publishing, Inc.
翻譯／尤淑心
校對／楊明翰
發行人／周元白
出版者／人人出版股份有限公司
電話／（02）2918-3366（代表號）
傳真／（02）2914-0000
網址／http://www.jjp.com.tw
地址／23145 新北市新店區寶橋路235巷6弄6號7樓
郵政劃撥帳號／16402311 人人出版股份有限公司
製版印刷／長城製版印刷股份有限公司
電話／（02）2918-3366（代表號）
經銷商／聯合發行股份有限公司
電話／（02）2917-8022
第一版第一刷／2015年7月
第一版第二刷／2016年4月
定價／新台幣320元

Cocomiru Series
Title: HIDATAKAYAMA SHIRAKAWAGO © 2014 JTB Publishing, Inc.
All Rights Reserved
First published in Japan in 2014 by JTB Publishing, Inc. Tokyo
Chinese translation rights arranged with JTB Publishing Inc.
through CREEK & RIVER Co., Ltd. Tokyo
Chinese translation copyrights ©2015 by Jen Jen Publshing Co., Ltd.

一起開心
出遊吧♪

Find us on
人人出版粉絲頁

人人出版好本事
提供旅遊小常識＆最新出版訊息
回答問卷還可送小贈品
部落格網址：http://www.jjp.com.tw/jenjenblog/